VDV-Akademie e.V. (Hrsg.) | Sylvester Neumann | Harald Ruben

Markt und Image

ZWEI

Weiterbildung Bus

ZWEI

VDV-Akademie e.V. (Hrsg.) | Sylvester Neumann | Harald Ruben

Markt und Image
EU-Berufskraftfahrer

ARBEITS- UND LEHRBUCH

© 2007 Verlag Heinrich Vogel,
in der Springer Transport Media GmbH,
Neumarkter Str. 18, 81673 München

1. Auflage 2007
Stand 10/2007

Herausgeber VDV-Akademie e.V.
Autoren Sylvester Neumann, Harald Ruben
Bildnachweis Berliner Verkehrsbetriebe (BVG), Bundesverband deutscher Omnibusunternehmer e.V. (bdo), Daimler AG, Solaris, Stuttgarter Straßenbahnen AG, VAG Nürnberg, Volvo, Archiv Verlag Heinrich Vogel
Illustrationen Jörg Thamer
Umschlaggestaltung Bloom Project
Layout und Satz Uhl+Massopust, Aalen
Lektorat Ulf Sundermann, Ruth Merkle und Dr. Bernhard F. Reiter
Herstellung Markus Tröger
Druck KESSLER Druck+Medien, Michael-Schäffer-Straße 1, 86399 Bobingen

Das Werk einschließlich aller seiner Teile ist urheberrechtlich geschützt. Jede Verwertung außerhalb der engen Grenzen des Urheberrechtsgesetzes ist ohne Zustimmung des Verlages unzulässig und strafbar. Das gilt insbesondere für Vervielfältigungen, Übersetzungen, Mikroverfilmungen und die Einspeicherung und Verarbeitung in elektronischen Systemen.
Das Werk ist mit größter Sorgfalt erarbeitet worden. Eine rechtliche Gewähr für die Richtigkeit der einzelnen Angaben kann jedoch nicht übernommen werden.

ISBN 978-3-574-24706-4

Inhaltsverzeichnis

Vorwort		6
Einführung		9
1	**Der Verkehrsmarkt in Deutschland**	10
1.1	Mobilität in Deutschland	10
1.2	Vorurteile und Fakten	16
2	**Image – mehr als ein Bild**	23
2.1	Der Image-Begriff	23
2.2	„Corporate Image" – das Firmenbild in der Öffentlichkeit	24
2.3	„Corporate Identity" – Unternehmen mit Persönlichkeit	26
3	**Das Fahrzeug als Visitenkarte des Unternehmens**	29
3.1	Das Fahrzeug als Träger der CI	30
3.2	Sauberkeit des Fahrzeugs	32
3.3	Abfahrtskontrolle	36
3.4	Sicherheitskontrolle	40
3.5	Regelmäßige Überprüfungen und Fristen	42
3.6	Verhalten bei Mängeln am Fahrzeug	43
4	**Der Fahrer als Repräsentant des Unternehmens**	44
4.1	Der erste Eindruck	44
4.2	Verhalten des Fahrers als Fortsetzung des positiven Eindrucks	48
4.3	Vorschriften zur Beförderung bestimmter Personengruppen	54
4.4	Umgang mit Konflikten	64
5	**Gründe für ein marktorientiertes Verhalten**	71
5.1	Neue Konkurrenten im Gelegenheitsverkehr	72
5.2	Konzessionen und Ausschreibungsverfahren im ÖPNV	74
5.3	Qualitätssicherung zum Erhalt des Arbeitsplatzes	75
5.4	Ökonomische Folgen eines Rechtsstreits	76
6	**Ausblick**	78
7	**Wissens-Check**	79

Markt und Image

Vorwort

Das Berufskraftfahrer-Qualifikationsgesetz (BKrFQG), das auf der EG-Richtlinie 2003/59 basiert und das die Aus- und Weiterbildung von Berufskraftfahrern regelt, ist am 1. Oktober 2006 in Kraft getreten.
Das BKrFQG bedeutet für alle gewerblich tätigen Berufskraftfahrer grundlegende Veränderungen in der Aus- und den nun verpflichtenden Weiterbildungen. Alle Berufskraftfahrer im Personenverkehr müssen bis zum September 2013 eine Weiterbildung von 35 Stunden absolviert haben. Um die Weiterbildung mit der Gültigkeit des Führerscheins zu synchronisieren, kann bei entsprechendem Ablaufdatum des Führerscheins die Weiterbildung bis September 2015 erfolgen. Voraussetzung ist, dass die entsprechende Fahrerlaubnis noch gültig ist.
Die vorrangigen Ziele dieser Weiterbildungen sind die **Erhöhung der Verkehrssicherheit** im Straßenverkehr sowie die **Verbesserung der wirtschaftlichen Fahrweise** der Berufskraftfahrer. Diese Ziele werden in der Anlage 1 der Berufskraftfahrer-Qualifikationsverordnung (BKrFQV) definiert und bilden die Rahmenvorgaben für die Ausbildungsstätten und Fahrschulen, die die Weiterbildungen anbieten wollen.
Der Verlag Heinrich Vogel setzt die Inhalte der Anlage 1 in Zusammenarbeit mit der VDV-Akademie (Verband Deutscher Verkehrsunternehmen) in dieser Ausbilder-Unterlage gemeinsam um.

Auf Basis des VDV-Rahmenlehrplans für die Weiterbildung gemäß BKrFQG wurden die Themen zusammengestellt und gewichtet. So entstanden fünf Module (in Einheiten von sieben Stunden), die damit den Anforderungen der Gesetzgeber in Brüssel und Berlin entsprechen.

Ebenso erfüllen sie die qualitativen Anforderungen der Akademien von DEKRA, TÜV NORD, TÜV Rheinland und TÜV SÜD, deren Angebote zur Weiterbildung entsprechend gestaltet wurden.

Vorwort

Wir wünschen allen, die mit diesem Buch arbeiten, eine spannende und erfolgreiche Weiterbildung!

Ihr Verlag Heinrich Vogel

Symbolerläuterung

 Ziel

 Hintergrundwissen

 Medien-Verweis

Medienverweis →

Strehl/Lenz/Hildach/Schlobohm/Burgmann:
Lehrbuch „Berufskraftfahrer Lkw/Omnibus"
Artikelnummer: 23201

Fahreranweisung für Omnibusfahrer
Artikelnummer: 13986

Fahreranweisung für Schulbusfahrer
Artikelnummer: 13973

Fahreranweisung Abfahrtskontrolle Omnibus
Artikelnummer: 13989

erhältlich unter:
Tel. 01 80–5 26 26 18 (0,14 €/Min. aus dem dt. Festnetz/ Mobilfunk abweichend)
Fax 01 80–5 99 11 55 (0,14 €/Min. aus dem dt. Festnetz/ Mobilfunk abweichend)
oder bei Ihrem Verlag Heinrich Vogel **Fachberater** vor Ort
www.heinrich-vogel-shop.de
www.eu-bkf.de

Einführung

Vorstellung des Tagesablaufs

▶ Sie sollen einen Überblick über den Tagesablauf und einen Eindruck von den Zielen des Moduls erhalten

Ziele des Moduls

Die Ziele dieses Arbeits- und Lehrbuchs basieren auf der Anlage 1 der BKrFQV und beinhalten folgende Schwerpunkte:

- Kenntnisse zur Personenbeförderung im Bus im Verhältnis zu anderen Verkehrsmitteln (vgl. Anlage 1 der BKrFQV, Nr. 3.8)
- Überblick über Bedeutung und Funktionsweise eines Images
- Kenntnisse und Fähigkeiten zur Wartung und Pflege des Fahrzeugs (vgl. Nr. 3.6)
- Fähigkeit zu einem positiven Auftreten als Fahrer in der Öffentlichkeit (vgl. Nr. 3.6)
- Kenntnis der Vorschriften für die Beförderung bestimmter Personengruppen (vgl. Nr. 2.3)
- Überblick über Konzessionen und Ausschreibungsverfahren im ÖPNV
- Kenntnisse über die kommerziellen und finanziellen Konsequenzen eines Rechtsstreits (vgl. Nr. 3.6)

Markt und Image

1 Der Verkehrsmarkt in Deutschland

1.1 Mobilität in Deutschland

▶ Sie sollen das wirtschaftliche Gesamtvolumen des betrachteten Bereichs kennen

Der Personenverkehr wird in verschiedene Bereiche unterteilt. Zunächst unterscheidet man zwischen Öffentlichem Verkehr und Individualverkehr. Zum **Öffentlichen Verkehr** werden alle allgemein zugänglichen Beförderungsformen des Personenverkehrs gezählt. Der Öffentliche Verkehr ist eine Kategorie bei der Untersuchung der **Verkehrsmittelwahl** durch die Verkehrsteilnehmer im Personenverkehr. Die Verkehrsmittelwahl wird auch als **Modal Split** bezeichnet.

Im folgenden Beispiel zeigen sich die Anteile der Verkehrsträger in Gesamt- und Stadtverkehr im Vergleich. Unterschieden wird in der Darstellung zwischen:

- **MIV** – Motorisierter Individualverkehr (z. B. Auto, Motorrad)
- **ÖV** – Öffentlicher Verkehr (z. B. Bus, Eisenbahn, Taxi)
- **Fahrrad**
- **Fußgänger**

Der Verkehrsmarkt in Deutschland

a.) Gesamtverkehrsaufkommen in Deutschland

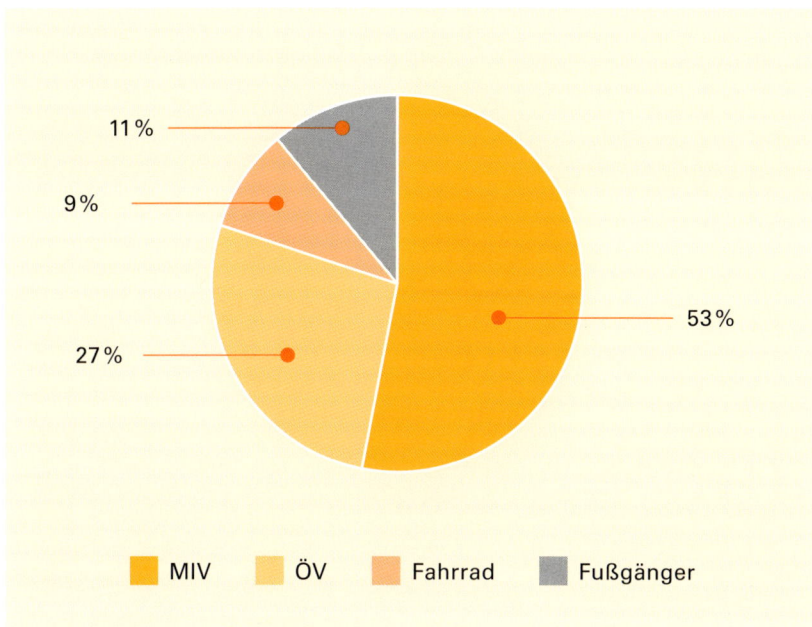

Abbildungen 1 und 2: Modal Split
Quelle: Deutsches Institut für Wirtschaftsforschung.

b.) Stadtgebiete in Deutschland

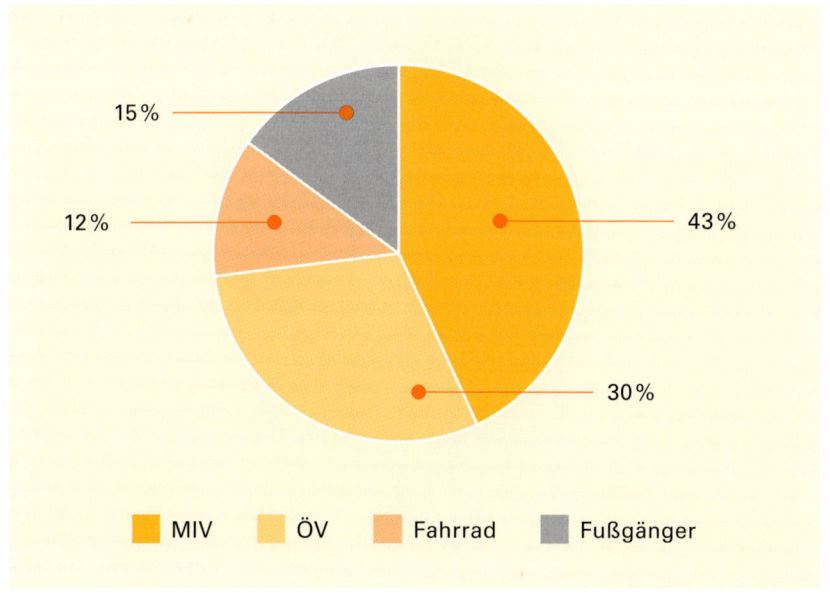

Markt und Image

AUFGABE

Was fällt beim Vergleich der beiden Diagramme auf?

-
-
-

Hintergrundwissen → Innerhalb des Öffentlichen Verkehrs wird unterschieden zwischen Nah- und Fernverkehr, zwischen Linien- und Gelegenheitsverkehr und zwischen den verschiedenen Verkehrsmitteln (Straßenpersonenverkehr, Eisenbahnverkehr, Luftverkehr etc.). Der Omnibusverkehr wird hier dem **Öffentlichen Straßenpersonenverkehr** zugerechnet. Der **Öffentliche Personennahverkehr (ÖPNV)** umfasst sowohl den Bereich des öffentlich zugänglichen Straßen- als auch des Schienennahverkehrs.

Pro Tag werden in Deutschland von jedem Verkehrsteilnehmer **3,3 Wege** („von A nach B") zurückgelegt. Dieser Wert hat sich in den letzten Jahren nicht wesentlich verändert.

Pro Woche verlassen durchschnittlich **86%** der Menschen das Haus zumindest für einen kurzen Fußweg. Im Alltagsverkehr werden täglich **270 Millionen Wege** zurückgelegt.

Von den Wegen entfallen ca.:

- 21% auf den Arbeits- und Ausbildungsverkehr,
- 19% auf den Einkaufsverkehr,

Der Verkehrsmarkt in Deutschland

- 21 % auf private Erledigungen und „Bringen und Holen",
- 31 % auf den Freizeitverkehr.

Die durchschnittliche Weglänge beträgt im Individualverkehr (z. B. Auto, Fahrrad, Fußgänger) 15 Kilometer, im **ÖPNV** 13 Kilometer. (Quelle: Mobilitätserhebungen des Bundesministeriums für Verkehr, Bau und Stadtentwicklung)

Diese Zahlen zeigen zwei Dinge:

- **Fast 90 % aller Bundesbürger**, vom Säugling bis zum Senioren, sind täglich im Verkehr unterwegs – und damit **potenzielle Kunden**!

- Die **durchschnittliche Weglänge** im **ÖPNV** entspricht annähernd der des Individualverkehrs.

Neben dem **ÖPNV** dienen Omnibusse zur Beförderung im Gelegenheitsnah- und Fernverkehr (Ausflugsfahrten, Ferienreisen, Mietomnibusse) sowie im Linienfernverkehr.

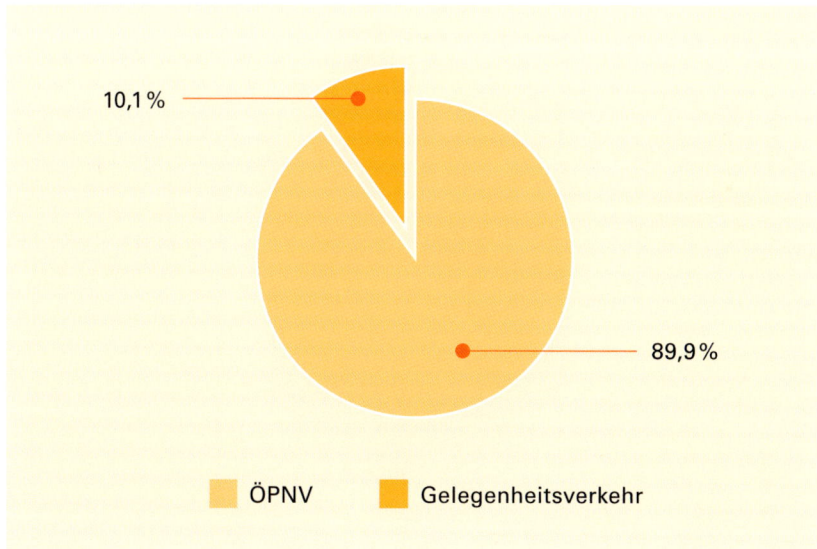

Abbildung 3:
Aufteilung des Gesamtbusverkehrs
Quelle: bdo

Markt und Image

Der Gelegenheitsverkehr hat somit deutlich geringere Passagierzahlen als der ÖPNV. Der Anteil des Linienfernverkehrs ist in Deutschland so gering, dass er hier gar nicht ins Gewicht fällt. Für das **Image** der Branche ist jedoch auch der Busfernverkehr (Gelegenheitsverkehr) von großer Bedeutung.

Im Öffentlichen Straßenpersonenverkehr wurden allein 2004 in Deutschland insgesamt, d.h. mit allen öffentlichen Verkehrsmitteln, ca. 8,73 Mrd. Fahrgäste befördert.

Diese Beförderungsleistung verteilte sich zu ca.

- 98,9 % auf den Linienverkehr
- 1,1 % auf den Gelegenheitsverkehr

(Quelle: Statistisches Bundesamt)

Im **Liniennahverkehr** wurde eine Gesamtzahl von 93,5 Mrd. Personenkilometern (beförderte Personen x zurückgelegte Kilometer) bewältigt. Diese teilen sich wie folgt auf die verschiedenen Verkehrsmittel auf:

- 40 % Omnibusse
- 43,3 % Eisenbahnen (auch S-Bahnen)
- 16 % Straßenbahnen (schienengebundene Personenverkehrsmittel, dazu gehören auch Hochbahnen, U-Bahnen etc.)

(Quelle: Statistisches Bundesamt)

Damit ist der Bus ein bedeutender Träger des Liniennahverkehrs und zentraler Bestandteil des ÖPNV!

Bei **Fernreisen** (über 100 Kilometer Luftlinienentfernung) ergab sich nach der Nutzungshäufigkeit die folgende Rangfolge:

- Pkw 65 %,
- Flugzeug 15 %,

Der Verkehrsmarkt in Deutschland

- Bahn 12 %,
- Bus 6 %.

(Quelle: Bundesministerium für Verkehr, Bau und Stadtentwicklung).

Die vergleichsweise geringe Zahl brachte den bundesweit 4.145 Unternehmen, die 2004 im Fernverkehr fuhren, ein Fahrgastaufkommen von 81 Millionen Fahrgästen (Quelle: Statistisches Bundesamt).

Demnach waren statistisch betrachtet **über 90 %** der Bundesbürger 2004 Teilnehmer einer Fernreise mit Omnibussen.

AUFGABE

Trotz dieser Zahlen haben viele potenzielle Kunden Vorbehalte gegen das Verkehrsmittel Omnibus. Nennen Sie Beispiele aus Ihrer eigenen Erfahrung!

-
-
-

Markt und Image

1.2 Vorurteile und Fakten

▶ Sie sollen erkennen, wie Vorurteile das Bild einer Branche (Hier das der Busbranche) beeinflussen

Einige dieser Vorwürfe sollen näher betrachtet werden:

„Busse sind mir zu langsam!"

Beim Vergleich der Reisezeiten verschiedener Verkehrsmittel ist auch der Vergleich des Gesamtzeitaufwandes von Bedeutung. Der Gesamtzeitaufwand berücksichtigt zusätzlich zu der **Hauptreisezeit** die **Zugangszeiten**.
Zugangzeiten sind zum Beispiel die Fahrt zum Flughafen, das Einchecken und die Gepäckaufgabe, Umsteige- und Wartezeiten. Dazu gibt es eine Untersuchung der Zeitschrift AERO, die 1995 am selben Tag drei Reisen von München nach Frankfurt mit dem Pkw, dem ICE und dem Linienflugzeug gegenübergestellt hat.

	Auto	Bahn	Flugzeug
Geschwindigkeit (km/h)	130	200	840
Strecke (km)	394	428	300
Hauptreisezeit	03:39	03:10	01:13
Zugangszeit	00:06	00:43	01:42
Gesamtzeit	**03:45**	**03:53**	**02:55**
Durchschnittsgeschwindigkeit (km/h)	105,07	110,21	102,86

(zitiert nach: Gollnick, Volker: Untersuchungen zur Bewertung der Transporteffizienz verschiedener Verkehrsmittel, Dissertation. München 2003.)

Bezieht man den Reisebus in den Vergleich mit ein, so ist gegenüber dem Pkw eine geringere Durchschnittsgeschwindigkeit und eine längere Zugangszeit zu berücksichtigen. Ein Bus würde daher eine **etwas längere Reisezeit als der Pkw** benötigen. Je größer die Verkehrsdichte ist, desto stärker verringert sich der Unterschied zur Geschwindigkeit des Pkws.

Hier ist der Omnibus im Nahverkehr gegenüber dem Pkw klar im Vorteil, da er oftmals von zusätzlichen Busstrecken oder Prioritätsschaltungen von Ampelanlagen profitiert. Doch auch im Fernverkehr sehen wir, dass der Bus nicht wesentlich langsamer ist als andere Verkehrsmittel.

Fazit: **Die Reisegeschwindigkeit wird vielfach falsch eingeschätzt.**

Markt und Image

„Busse verstopfen die Straßen aufgrund ihrer Länge und Breite!"

Wenn 350 Personen zur Arbeit fahren, benötigen sie bei einer fünfzigprozentigen Auslastung der Verkehrsmittel entweder

- einen U-Bahn-Zug oder
- drei Straßenbahnzüge oder
- sieben Omnibusse oder
- 175 Pkw.

Danach benötigen die **Pkw** (pro Pkw ca. 7,5 m^2) ungefähr **sechsmal so viel Fläche** wie die Busse (pro Bus ca. 30 m^2) und fünfmal so viel wie die Straßenbahnen (pro Straßenbahn ca. 80 m^2) und die U-Bahn (pro U-Bahn ca. 240 m^2):

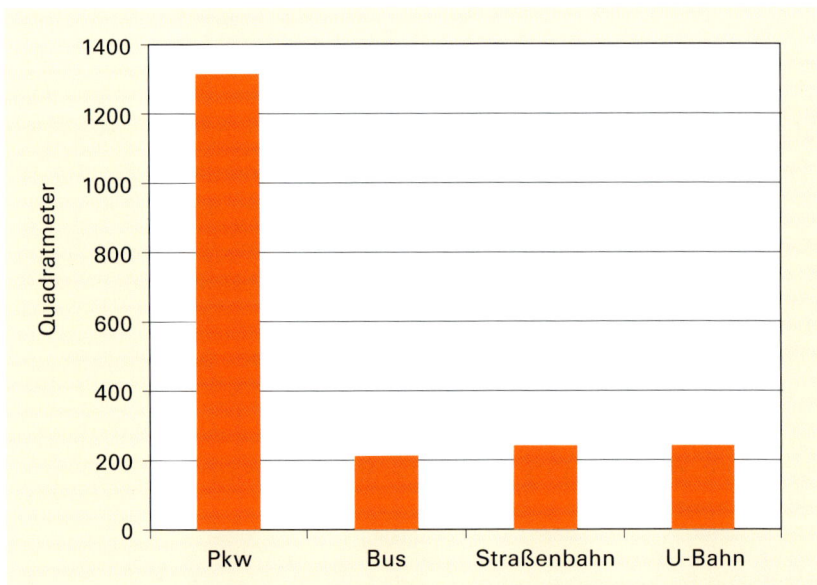

Abbildung 4:
Platzbedarf zur
Beförderung von
350 Personen
Quelle: BVG
Umweltbericht 2005

Zur Anpassung an das Fahrgastaufkommen werden im öffentlichen Personenverkehr Busse in möglichst unterschiedlichen **Gefäßgrößen** eingesetzt.

Der Verkehrsmarkt in Deutschland

- Mikrobusse
- Midibusse
- Solobusse
- Gelenkbusse
- Doppelgelenkbusse
- Doppeldeckerbusse

Fazit: Gemessen an der Anzahl der beförderten Personen schneidet der Omnibus gerade in direkter Konkurrenz zum Pkw deutlich besser ab.

„Busse sind unsicher, man liest ja dauernd von diesen schlimmen Unfällen!"

Jährlich ereignen sich in Europa ca. 20.000 Busunfälle mit Personenschaden, ca. 200 Fahrgäste werden tödlich verletzt. In Deutschland verunglücken jährlich ca. 250 Kinder mit Schulbussen.
Trotzdem ist der Bus **eines der sichersten Verkehrsmittel**. Die Zahl der Todesfälle war 2004 im motorisierten Individualverkehr über 250fach höher als im Busverkehr. Von den in 2004 Verletzten und Getöteten benutzten ca.

- 59% den Pkw
- 17% das Fahrrad
- 8% das Motorrad
- 4% das Moped bzw. Mofa
- 2,7% den Lkw
- **1,1% den Bus**

Etwa 8% der Verunglückten waren zu Fuß unterwegs.

Betrachtet man die Anzahl der getöteten Personen **pro Milliarde Personenkilometer** (2003), wird das Bild noch deutlicher:

Markt und Image

Abbildung 5:
Verkehrstote
Quelle: Statistisches
Bundesamt

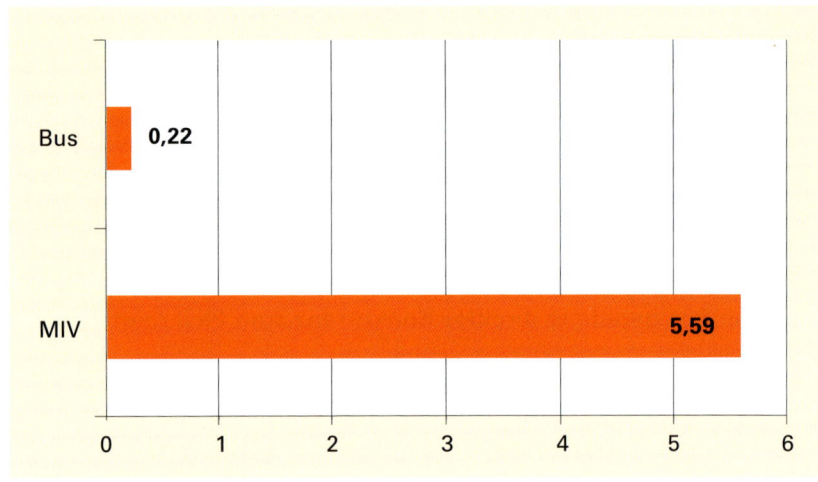

Fazit: Der Bus ist deutlich sicherer als der MIV!

„So ein Bus ist doch eine richtige Dreckschleuder!"

Aufgrund neuer Dieseltechnologien ist der Kraftstoffverbrauch im Busbereich in den letzten zehn Jahren um fast **15 %** zurückgegangen. Busse verbrauchen außerdem im Vergleich zum Pkw, zum Flugzeug und zur Bahn pro Person mit Abstand **am wenigsten Energie**. Auf 100 km werden pro beförderte Person an Energie benötigt (Verbrauch umgerechnet in Dieselkraftstoff):

- Flugzeug   6,7 Liter
- Pkw   6,2 Liter
- Bahn   2,3 Liter
- **Bus**   **1,4 Liter.**

Daraus resultiert auch **der geringste Schadstoff-Ausstoß beim Bus**. Pro 100 km werden bei einer durchschnittlichen Fahrzeugbesetzung pro Person an CO_2 ausgestoßen:

Der Verkehrsmarkt in Deutschland

Abbildung 6:
Hybridbus im Stadtverkehr
Quelle: Solaris

- Flugzeug   15,7 kg
- Pkw   14,7 kg
- Bahn   5,4 kg
- **Bus**   3,3 kg.

Durch die Einführung von Wasserstoff- und Hybridbussen im Linienverkehr werden die Abgaswerte in Zukunft noch weiter gesenkt werden.

Fazit: Omnibusse sind eine saubere Lösung für den Nah- und Fernverkehr.

„Mag ja alles sein, aber teuer ist der Bus trotzdem – da kann ich auch selbst fahren!"

Die Musterberechnung der Berliner Verkehrsbetriebe aus dem Jahr 2004 auf der nächsten Seite zeigt die **versteckten Kosten** eines Pkw im Monat. Hinzu kommt die Verpflichtung zu einer Anfangsinvestition. Wartung und Pflege kosten neben barem Geld zusätzlich die Zeit des Besitzers.

Markt und Image

Mittelklassewagen	Kosten	ÖPNV (Hier am Beispiel der BVG)	Kosten
Betriebskosten — Kraftstoff — Motoröl — Pflege	121 €		
Fixkosten — Haftpflichtversicherung — Kaskoversicherung — Steuer — Haupt- und Abgasuntersuchung — Parkgebühren etc.	77 €	**Monatskarte** für das gesamte Stadtgebiet (Umweltkarte AB)	keine Einzelkosten
Werkstattkosten — Inspektionen — Reparaturen — Verschleißersatz	37 €		
Wertverlust	220 €		
Gesamtkosten	455 €		64 €

Fazit: Busfahren kommt nur den teuer, der darauf verzichtet.

AUFGABE

Wie hoch ist die Ersparnis bei Nutzung einer Monatskarte des ÖPNV im Vergleich zum Pkw?

2 Image – mehr als ein Bild

2.1 Der Image-Begriff

▶ Sie sollen den Begriff „Image" und seine Bedeutung verstehen

Im ersten Kapitel wurde an Beispielen gezeigt, dass viele Menschen Meinungen vertreten, die man mit Zahlen aus der Praxis leicht widerlegen kann. Man könnte auch sagen: Diese Menschen haben ein **Bild** vor Augen, das nicht der **Realität** entspricht.

Das englische Wort für „Bild" lautet **Image**. Wir kennen es aus der Umgangssprache: „Jemand hat ein schlechtes Image" bedeutet, dass der Ruf der Person schlecht ist.

Das Image hat immer etwas mit **Glaubwürdigkeit** zu tun. Ein gutes Image sorgt für **Vertrauen**, ein schlechtes für das Gegenteil.

Markt und Image

2.2 „Corporate Image" – das Firmenbild in der Öffentlichkeit

▶ Sie sollen den Begriff „Corporate Image" und seine Bedeutung für das eigene Unternehmen verstehen

Genau wie Menschen genießen auch Branchen und Unternehmen ein bestimmtes Ansehen in ihrer Umwelt. Lange Zeit etwa war das **Image** einer bestimmten **Branche** sehr schlecht, obwohl sie zu den größten Arbeitgebern zählt und unser modernes Leben ohne ihre Produkte undenkbar wäre. Die Rede ist von der **Chemieindustrie**.

Trotz ihrer enormen wirtschaftlichen Bedeutung geriet eine ganze Branche in Verruf, nachdem einige ihrer Produkte die menschliche Gesundheit, Tiere und Pflanzen ernsthaft geschädigt hatten. Zusammenhänge z. B. zwischen Asbest und Lungenkrebs, Benzol und Leukämie sowie DDT und Fortpflanzungsstörungen haben dem Image der Branche geschadet, was unter anderem 1986 zu der berühmten „Lieber Fisch…"-Kampagne des *Verbands der Chemischen Industrie e. V.* führte. In Massenanzeigen wurde einem Fisch als Ansprechpartner erklärt, welche Bemühungen um den Erhalt der Umwelt von Seiten der chemischem Industrie stattfänden.

Abgesehen von der eigenen Branche haben aber auch die Unternehmen selbst Interesse an einem positiven Image. Firmen ohne Image bleiben dem Kunden nicht im Gedächtnis und können sich auch nicht **von der Konkurrenz absetzen**. In Abgrenzung zum allgemeinen Image-Begriff spricht man beim Firmen-Image auch vom **Corporate Image**.
Dabei geht es nicht nur darum, dass der Name bekannt ist (und im Idealfall als Firmen-/ Produktname für eine ganze Produktgruppe steht, z. B. *Selters* oder *Maggi*), sondern mit diesem Namen **besondere Werte** verbunden werden. Die Marke *Mercedes Benz* etwa steht für die meisten Autofahrer unabhängig vom einzelnen Fahrzeug für Exklusivität.

Image – mehr als ein Bild

AUFGABE

Welche Stichworte fallen Ihnen spontan zum Image der folgenden Unternehmen ein?

Beispiel: Bayer = Medizin, modern, groß.

- Aldi: ...

- Adidas: ...

- McDonald's: ...

Ziel eines jeden Unternehmens ist es, ein **positives Image** zu erlangen. Neben den Produkten spielt dabei die Außenwirkung eine zentrale Rolle. Eine Möglichkeit hierfür sind Werbung und Öffentlichkeitsarbeit, etwa durch die Unterstützung sozialer Projekte.

Abbildung 7:
Soziales
Engagement
Quelle: Daimler AG

Markt und Image

2.3 „Corporate Identity" – Unternehmen mit Persönlichkeit

▶ Sie sollen den Begriff „Corporate Identity" und seine Bedeutung verstehen

Um beim Kunden ein positives Image der Firma zu erzeugen, genügt es jedoch nicht, wahllos Werbung zu schalten. Werbung ist wie ein **Versprechen**. Dieses Versprechen muss auf den Kunden ebenso vertrauenswürdig wirken wie eines im zwischenmenschlichen Bereich. Um dies zu erreichen, arbeiten erfolgreiche Unternehmen ständig an ihrer Unternehmensidentität, ihrer **Corporate Identity** (CI).

Mensch	Unternehmen
Unser Eindruck wird bestimmt durch die *Persönlichkeit*	Unser Eindruck wird bestimmt durch die *Corporate Identity (CI)*
Aussehen (z. B. Haarfarbe, Kleidung, besondere äußerliche Merkmale etc.)	**Corporate Design** (z. B. Kleidung der Mitarbeiter, Lackierung der Busse, Unternehmensfarben, Logo etc.)
Kommunikation (z. B. Sprache, Wortwahl, Kommunikationsbereitschaft etc.)	**Corporate Communication** (Sprachregelungen, Bezeichnungen, Kommunikation mit Kunden/Mitarbeitern etc.)
Verhalten (z. B. Umgang mit Menschen/Dingen, Handlungen in bestimmten Situationen etc.)	**Corporate Behaviour** (z. B. Umgang mit Kunden/Mitarbeitern und Waren/Eigentum, Verhalten in der Öffentlichkeit etc.)

Image – mehr als ein Bild

Unter Corporate Identity (CI) versteht man die Unternehmensidentität. Wie bei einem Menschen versuchen Unternehmen, sich selbst eine nach innen und außen wirkende **Persönlichkeit** zu geben. Erst dadurch werden sie für ihre Kunden, aber auch für ihre Mitarbeiter „greifbar".

Der Ausdruck Corporate Identity umfasst somit **alle Aktionen** des Unternehmens, die zu seiner **Außenwirkung**, dem Firmen-Image, beitragen. Man könnte sie auch als **Charakter** eines Unternehmens bezeichnen. Wie bei einem Menschen teilt sich auch bei einem Unternehmen der „Charakter" in verschiedene Bereiche, für die es im Marketing unterschiedliche Fachbegriffe gibt.

Alle drei genannten Bereiche der Unternehmenspersönlichkeit (Corporate Identity) sollen dazu beitragen, das Unternehmen als verlässlichen und – im Idealfall – sympathischen Partner erscheinen zu lassen.

Oft spiegeln die Grundsätze der Corporate Identity das **Wunschbild** des Managements wieder. Im **Mittelpunkt** steht aber der Mitarbeiter des Unternehmens. Er ist **Schnittstelle** zwischen der Unternehmenspersönlichkeit und dem Unternehmensbild und sorgt für die **praktische Umsetzung** des idealen Unternehmensbildes, etwa bei der Wartung und Kontrolle der Fahrzeuge.

Das Image eines Unternehmens beim Kunden ist von entscheidender Bedeutung für den **wirtschaftlichen Erfolg**. Durch **gezielte Maßnahmen** kann das Image **positiv** beeinflusst werden.

Markt und Image

Abbildung 8:
Corporate Identity

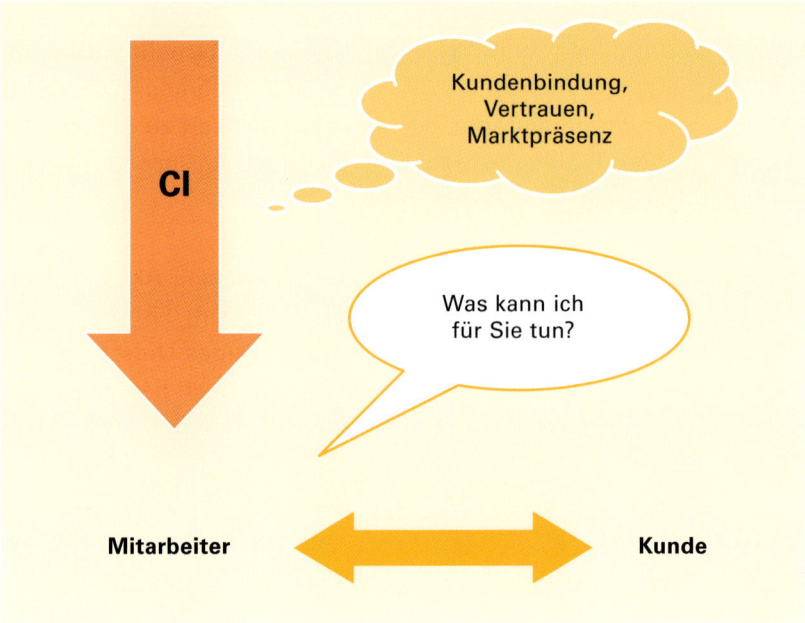

AUFGABE

Wer hat die zentrale Rolle bei der Vermittlung der Unternehmenspersönlichkeit?

3 Das Fahrzeug als Visitenkarte des Unternehmens

Bei Geschäftsterminen in der Wirtschaft werden häufig zu Beginn eines Gesprächs Visitenkarten getauscht. Mit Ihnen stellt sich das Unternehmen vor, etwa durch

- Namensnennung
- Aufdruck des Logos
- Angabe von Kontaktdaten (inkl. Verweis auf die Homepage des Unternehmens)
- Material der Karte (Wertigkeit)
- Farbgebung
- Schriftart
- Prägung

Visitenkarten unterliegen in ihrer Gestaltung der Corporate Identity (siehe Kap. 2.3) und dienen zur Festigung der Beziehung zwischen Geschäftspartnern bzw. zu Lieferanten und Kunden.

Das Fahrzeug eines Busunternehmens kann ebenfalls als Visitenkarte verstanden werden. Der **äußere Eindruck** beeinflusst den Kunden meist schon einige Zeit **vor Fahrtantritt**.

Markt und Image

3.1 Das Fahrzeug als Träger der CI

▶ Die Möglichkeiten der CI-Vermittlung am Fahrzeug sollen Ihnen deutlich werden

Erfolgreiche Busunternehmen setzen seit langem auf die Mittel der Corporate Identity (CI). Ihre Präsenz im Verkehr sorgt für eine Verbreitung des Firmennamens und Auftritts.

Durch ihre Größe bieten die Fahrzeuge viel Platz für Eigenwerbung und Vermittlung der Unternehmenspersönlichkeit. Um einen hohen Wiedererkennungswert beim Kunden zu erreichen, bieten sich folgende Elemente an:

- Einheitliche Farbgebung aller Fahrzeuge
- Gut sichtbares Logo
- Der Werbeslogan des Unternehmens am Bus
- Angabe von Name und Kontaktdaten des Unternehmens
- Hinweis auf besondere Dienste (z. B. Nachtbusse), Umweltfreundlichkeit (Wasserstoffbus).

Abbildung 9:
Farbe, die auffällt
Quelle: Stuttgarter Straßenbahnen

Das Fahrzeug als Visitenkarte des Unternehmens

Abbildung 10:
Fahrzeuge der SSB
Quelle: Stuttgarter
Straßenbahnen

AUFGABE

Welche Bemühungen um eine Unternehmenspersönlichkeit zeigen sich im Bild?

-
-
-

Markt und Image

3.2 Die Sauberkeit des Fahrzeugs

▶ Sie sollen um die Bedeutung des gepflegten Fahrzeugs wissen

Was nützt die beste Außengestaltung, wenn das Fahrzeug einen ungepflegten Eindruck macht?
Die Sauberkeit des Fahrzeugs ist **Grundvoraussetzung** für die positive Wirkung auf den Kunden!

Auch der Innenraum des Fahrzeugs sollte einen guten Eindruck machen. Besonders bei hohem Fahrgastaufkommen kann leicht ein ungepflegter Eindruck entstehen.

Abbildung 11:
Waschanlage
der SSB
Quelle: Stuttgarter
Straßenbahnen

Das Fahrzeug als Visitenkarte des Unternehmens

Abbildung 12:
Verschmutzter
Innenraum
Quelle: VAG
Nürnberg

AUFGABE

Warum sollten Sie besonders auf die Sauberkeit Ihres Fahrzeugs achten?

-
-

Neben der Sauberkeit sollten auch alle Funktionen geprüft werden, die unter dem Begriff „Servicequalität" fassbar sind. Klapprampen für Rollstuhlfahrer sollten ebenso funktionieren wie die Haltestellen-Anzeige.

Mit der folgenden **Checkliste** lässt sich schnell überprüfen, ob das Fahrzeug wirklich sauber ist und zusätzlich auch die Erfordernisse eines serviceorientierten Betriebs erfüllt:

Markt und Image

Allgemeiner Zustand		
Anforderungen/ Problembereiche	**in Ordnung**	**nicht in Ordnung**
Beschädigungen außen	☐	☐
Rost	☐	☐
Sauberkeit Scheiben	☐	☐
Firmenlogo erkennbar/ vorhanden	☐	☐
Sauberkeit außen	☐	☐
Geräuschentwicklung	☐	☐
Graffiti (innen und außen)	☐	☐
Sauberkeit innen (Sitze, Rückenlehnen)	☐	☐
Beschädigungen innen (z. B. Haltestangen)	☐	☐
Rutschgefahr	☐	☐
Funktion Entwerter/ Fahrscheinautomat	☐	☐
Funktion Haltestellenwunsch	☐	☐
Lautstärke Durchsagen	☐	☐
Beleuchtung	☐	☐
Unrat	☐	☐

Das Fahrzeug als Visitenkarte des Unternehmens

Service		
Anforderungen	in Ordnung	nicht in Ordnung
Informationseinrichtungen	☐	☐
Schilder	☐	☐
Werbung (Innenraumwerbung o.k.?)	☐	☐
Fahrgastinfo über Bildschirm	☐	☐
Liniennummer, Linienverlauf	☐	☐
Klapprampen in Funktion	☐	☐
Kneeling in Funktion	☐	☐
Netzkarte vorhanden	☐	☐
Zugängigkeit gewährleistet	☐	☐
Platz für Rollstühle (Gurt)	☐	☐
Funktion Fahrscheindrucker	☐	☐

Bei Reisebussen sollten Toilette, Gepäckfächer, Fußboden und Polster in einwandfreiem Zustand sein. Oft werden **Aschenbecher** als Mülleimer missbraucht, **Schilder** und **Nothammer** sind besonders bei Klassenfahrten beliebte Souvenirs!

Im Linienverkehr sollten zudem die Haltewunschfunktion, der Entwerter und gegebenenfalls die Fahrscheinautomaten geprüft werden. Gerade Letztere sorgen für Umsatz des Unternehmens und für die **Sicherung von Arbeitsplätzen**.

Markt und Image

3.3 Abfahrtskontrolle

▶ Sie sollen die Funktionsfähigkeit Ihres Fahrzeugs als Image-Faktor benennen und in der Praxis sichern können

Wie die „Sauberkeit" und der „Service" spielt auch die volle Funktionsfähigkeit des Fahrzeugs eine Rolle. Weder im Linien- noch im Individualverkehr kann sich ein Unternehmen den Ausfall eines Busses aufgrund unregelmäßiger Wartung erlauben.

Nach Gesetz ist der **Fahrer** für den sicheren und ordnungsgemäßen Zustand des Fahrzeuges verantwortlich (§ 23 StVO). Diesen Zustand hat er **vor Fahrtbeginn** zu prüfen.

Fahrzeugkontrolle Front

- Reserverad: (mit der richtigen Profiltiefe) vorhanden?
- Außenspiegel und Frontscheibe: sauber und unbeschädigt?
- Kennzeichen: sauber, HU-/AU-Termin nicht überschritten?
- Scheinwerfer: sauber, nicht beschädigt?

Abbildung 13:
Abfahrtskontrolle
Front
Quelle: VAG
Nürnberg

Das Fahrzeug als Visitenkarte des Unternehmens

Abbildung 14:
Fahrzeugkontrolle Heck
Quelle: VAG Nürnberg

- Licht: Standlicht, Begrenzungsleuchten, Fahrlicht, Fernlicht, Nebelscheinwerfer, Blinker o.k.?
- Scheibenwischer: funktionstüchtig (Wischblätter in Ordnung)?
- Scheibenwaschanlage: Flüssigkeitsstand und Funktion überprüft?
- Karosserie: unbeschädigt? (Hier besonders auf die unteren Ecken achten!)

Fahrzeugkontrolle Heck

- Kühler: Sauberkeit der Lamellen o.k.?
- Flüssigkeitsstand: Motoröl, Kühlmittel, Lenkung?
- Keilriemen: nach Sichtprüfung unbeschädigt?
- Luftfilter: Verschmutzung am Wartungsanzeiger geprüft?
- Batterien: Säurestand, Sauberkeit und fester Sitz der Batterien und Kabel (wöchentlich prüfen)

Markt und Image

Für diese Kontrollen sollten Sie sich eine persönliche Checkliste anlegen:

Funktionen		
Anforderungen	**in Ordnung**	**Fehler**
Beleuchtung, Blinker, Bremsleuchten	☐	☐
Informationseinrichtungen, Linienanzeige	☐	☐
Spiegel, Scheiben	☐	☐
Kennzeichen lesbar, Beleuchtung	☐	☐
Motoröl und Kühlflüssigkeit ausreichend	☐	☐
Räder (Profil, Druck, Fremdkörper)	☐	☐
Sitz und Pedale (ergonomisch)	☐	☐
Luftdruckbremse	☐	☐
Kontrollleuchten	☐	☐
Lenkspiel	☐	☐
Funktion der Türen	☐	☐
Bremsprobe	☐	☐
Hupe, Glocke	☐	☐
Kommunikationseinrichtungen (Funk)	☐	☐
Kraftstoffvorrat	☐	☐

Das Fahrzeug als Visitenkarte des Unternehmens

Sicherheitseinrichtungen		
Anforderungen	**in Ordnung**	**Fehler**
Nothämmer vorhanden	☐	☐
Beschilderungen (Innenraum)	☐	☐
Warndreieck, Warnleuchte, Warnweste	☐	☐
Unterlegkeile	☐	☐
Sand	☐	☐
Feuerlöscher	☐	☐
Erste-Hilfe-Kasten	☐	☐
Einklemmschutz bei Türen	☐	☐
Notausstiege	☐	☐
Notruf	☐	☐
Funktion der Informationseinrichtungen	☐	☐

Diese Abfahrtskontrolle müssen Sie vor jeder Fahrt machen.

Markt und Image

3.4 Sicherheitskontrolle

▶ Sie sollen die Sicherheit Ihres Fahrzeugs als Image-Faktor benennen und in der Praxis sichern können

Während z. B. ein Defekt am Fahrkartenautomat „nur" einen finanziellen Verlust für das Unternehmen bedeutet, kann ein technischer Defekt an den Sicherheitsvorkehrungen weitaus schlimmere Folgen haben. Der **Image-Schaden**, den ein Unternehmen durch einen **Unfall** erleidet, lässt sich nur schwer in Zahlen ausdrücken.

Daher sollte insbesondere die Sicherheitsausstattung des Busses regelmäßig überprüft werden. Hierzu gehören:

- Sicherheit der Türen
- Vorhandensein der Notfall-Ausrüstung (z. B. Verbandkasten, Feuerlöscher, Nothammer)
- Korrekter Zustand der Sicherungseinrichtungen (Gurte)

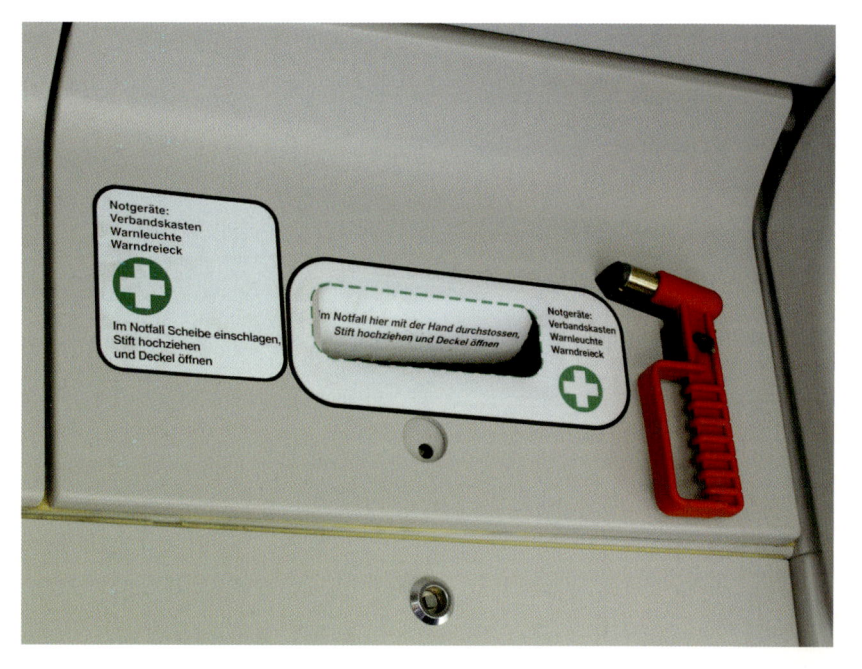

Abbildung 15: Sicherheitsausrüstung Quelle: VAG Nürnberg

Das Fahrzeug als Visitenkarte des Unternehmens

Zu Ihrer eigenen und zur Sicherheit der Fahrgäste sollten Sie sich **vor Fahrtbeginn** mit den Sicherheitsvorkehrungen Ihres Fahrzeugs vertraut machen.

Ein **gepflegtes Fahrzeug** mit einer **intakten Sicherheitsausstattung** sorgt nicht nur für eine sichere Fahrt, sondern erhöht auch das Vertrauen der Fahrgäste in das Unternehmen.

AUFGABE

Was müssen Sie vor der Abfahrt kontrollieren?

-
-
-
-
-
-

Markt und Image

3.5 Regelmäßige Überprüfungen und Fristen

▶ Sie sollen die wichtigsten Prüffristen Ihres Fahrzeugs kennen

Seit 1.12.1999 sind folgende Untersuchungen und Prüffristen für Busse vorgeschrieben:

Alle 12 Monate

- Hauptuntersuchung (HU)
- Untersuchung nach BOKraft
- Abgasuntersuchung (AU)

Sicherheitsprüfung (SP)

- Im 1. Zulassungsjahr **keine**
- Im 2. und 3. Zulassungsjahr **alle 6 Monate nach der letzten HU**
- Ab dem 4. Zulassungsjahr **alle 3 Monate nach der letzten HU**

Diese Fristen sollte jeder Fahrzeugführer im Auge behalten, da ihre Einhaltung Einfluss auf die eigene Sicherheit und indirekt auch auf das Image nimmt.

3.6 Verhalten bei Mängeln am Fahrzeug

▶ Sie sollen wissen, wie Sie bei Mängeln am Fahrzeug zu reagieren haben

Festgestellte Mängel am Fahrzeug sind in jedem Fall dem Betriebsleiter zu melden. Die Dokumentation erfolgt mittels eines Mängelbuches.
Falls während der Fahrt Mängel auftreten, die die Verkehrssicherheit wesentlich beeinträchtigen und die nicht alsbald beseitigt werden können, hat der Fahrzeugführer die Pflicht, das Fahrzeug auf kürzestem Wege aus dem Verkehr zu ziehen (§ 23 Abs. 3 StVO). Dabei sollte immer Rücksprache mit der Zentrale gehalten werden. Einfach zu behebende Störungen sollte der Fahrer selbst beseitigen, um Unzufriedenheit beim Kunden, aber auch zusätzliche Kosten für das Unternehmen zu vermeiden.

Regelmäßige Überprüfungen und Kontrollen der technischen Einrichtungen reduzieren den Ausfall im Fahrbetrieb erheblich. Der Austausch mit Kollegen über Besonderheiten eines Fahrzeugs hilft, Mängel rechtzeitig zu erkennen und schnellstmöglich zu beheben.

Markt und Image

4 Der Fahrer als Repräsentant des Unternehmens

4.1 Der erste Eindruck

▶ Sie sollen sich Ihres Eindrucks auf den Kunden bewusst werden. Sie sollen in der Lage sein, den von Ihnen vermittelten ersten Eindruck aktiv zu gestalten

Abbildung 16:
Positiver erster Eindruck
Quelle: Volvo

Als Fahrer sind Sie der wichtigste **Repräsentant** Ihres Busunternehmens. Mit Ihrem Fahrzeug – der „Visitenkarte" – weisen Sie sich aus.

Im Kontakt mit dem Kunden nehmen Sie die zentrale Rolle ein. Ihr **Auftreten** und **Verhalten** entscheidet maßgeblich über die Zufriedenheit des Kunden mit der erbrachten Beförderungsleistung – und damit auch mit dem Unternehmen, das diese erbringt.

Äußere Erscheinung

Die äußere Erscheinung ist fast immer das Erste, was an einem fremden Menschen wahrgenommen wird. Entsprechend sollte jeder Fahrer darauf achten, in der Öffentlichkeit ein „gutes Bild" abzugeben. Zentrale Bedeutung haben hierbei

Der Fahrer als Repräsentant des Unternehmens

- ordentliche und saubere (im Idealfall: einheitliche) Kleidung
- gepflegte Gesamterscheinung.

In und um Ihren Bus herum werden Sie stets als **Vertreter** des Unternehmens wahrgenommen. Der Kunde unterscheidet nicht, ob Sie gerade im Dienst sind oder Pause haben: Sie werden **immer** (mitunter auch in Ihrer Freizeit!) als **Botschafter Ihres Unternehmens** gesehen. Hierzu trägt verstärkt auch eine einheitliche Dienstkleidung bei, die als Teil der Unternehmenspersönlichkeit auf den Kunden wirkt.

Einheitliche Firmenbekleidung deutet auf ein **professionell geführtes Unternehmen** hin. Dies schafft **Vertrauen** auf Kundenseite.

Im Konfliktfall hilft ein solches Erscheinungsbild außerdem, die nötige **Autorität** zu vermitteln. Dies kann zu einer Beruhigung des Konfliktpartners führen. Auch Ihnen selbst vermittelt Ihr Äußeres so ein **positives Selbstwertgefühl**.

Auftreten und Körpersprache

Zum äußeren Erscheinungsbild tragen das Auftreten und die Körpersprache in hohem Maße bei. Der Fahrer steht als Repräsentant stellvertretend für sein Unternehmen. Daher sollte er in seinem Auftreten diese Rolle beherzigen.

Ein erfolgreiches Unternehmen ist:

- Weltoffen
- Kommunikationsstark
- Selbstbewusst
- Auf einer soliden Basis gegründet

Markt und Image

Typisches Auftreten eines Unternehmens-Repräsentanten:

- Seiner Umwelt zugewandt (offene Gesprächshaltung, dem Kunden zugewandt)
- Kommunikativ (deutliche Bereitschaft zur Kommunikation, etwa durch Blickkontakt)
- Selbstbewusst (gestreckte Haltung, „die eigene Größe zeigen")
- Fest „auf dem Boden der Tatsachen" stehend (bequeme und feste Standposition)

Durch die Haltung und das Auftreten wirkt der Fahrer nicht nur auf seinen Gesprächspartner, sondern auch auf sich selbst. Eine aufrechte Haltung sorgt für Selbstbewusstsein und verhindert auch gesundheitliche Probleme.

Sprache und Sprechweise

Neben dem äußeren Eindruck spielt das Gespräch zwischen Fahrer und Kunde eine wichtige Rolle. Dieses beeinflusst zu etwa **einem Drittel** die Wahrnehmung des Gegenübers.

Abbildung 17:
Kundenbindung
Quelle: Stuttgarter
Straßenbahnen

Der Fahrer als Repräsentant des Unternehmens

Als Berufskraftfahrer haben Sie in Ihrem Alltag mit ganz **verschiedenen Personengruppen** zu tun. Dies sind zum Beispiel:

- Vertreter von Behörden (Ämter, Polizei)
- Mitarbeiter des eigenen Unternehmens (Leitstelle, Werkstatt, Kollegen)
- Fahrgäste

Jede Gruppe bzw. Untergruppe verlangt eine individuelle Ansprache: mit einem Kollegen werden Sie anders sprechen als mit einem Kunden, mit den Mitarbeitern der Werkstatt anders als mit dem Vorgesetzten. In jeder Situation – gerade beim ersten Kontakt! – den richtigen Ton zu treffen, ist eine Herausforderung, der Sie sich als Fahrer stellen müssen.

Fazit: Das positive Auftreten des Fahrers erhöht den subjektiv empfundenen Wert einer jeden Serviceleistung erheblich. Ein positiver erster Eindruck **eröffnet die Chance**, den Kunden für das Unternehmen zu gewinnen. Gleichzeitig **erleichtert** er jede weitere Maßnahme der **dauerhaften Kundenbindung**.

Markt und Image

4.2 Verhalten des Fahrers als Fortsetzung des positiven Eindrucks

▶ Sie sollen erkennen, durch welches Verhalten Sie den positiven ersten Eindruck festigen und erhalten können

Ein positiver erster Eindruck eröffnet die Möglichkeit, den Kunden für das Unternehmen zu gewinnen. Diese Chance muss jedoch im weiteren Handeln genutzt werden. Im weiteren Kontakt mit dem Kunden nehmen Sie als Fahrer verschiedene Funktionen ein.
Als Dienstleister sind Sie nicht nur für die Steuerung des Busses verantwortlich. Vielmehr teilt sich Ihr Aufgabenbereich in die Funktionen

- Helfer
- Informant
- Fahrer

Vorausgreifend kann gesagt werden: Alle diese Funktionen lassen sich am besten **vorausschauend** meistern.

Der Fahrer als vorausschauender Helfer

Schon vor Eintreten einer Situation können Sie sich ein Bild machen, wie und wo Sie dem Fahrgast helfend zur Seite stehen können.

Typische Situationen, die den Fahrer als Helfer herausfordern, sind

- Fragen von Ortsfremden
- Hilfsbedürfnis gebrechlicher oder eingeschränkt mobiler Fahrgäste beim Ein- und Aussteigen
- Alleinreisende Kinder
- Personen mit sperrigem Gepäck
- Personen mit eingeschränkter Wahrnehmung (z. B. Blinde, Betrunkene etc.)

Der Fahrer als Repräsentant des Unternehmens

Durch eine einfache Selbstbefragung können Situationen und Personen, die die Hilfe des Fahrers erfordern, leicht erkannt werden.

- **Wer** wird den Service nutzen? (z. B. Gruppenzusammensetzung, Reiseprofil...)
- **Was** ist bei den Kunden zu beachten? (z. B. besondere Bedürfnisse der Kunden etc.)
- **Wo** kann es zu besonderem Hilfebedarf kommen? (z. B. Haltestellen, Besonderheiten des Reiseziels etc.)
- **Wie** kann ich dem Kunden helfen? (z. B. Hilfe beim Aussteigen älterer Fahrgäste etc.)
- **Wann** sollte die Hilfe angeboten werden? (z. B. zu Fahrtbeginn/ kurz vor Fahrtende)

Die tägliche Erfahrung schärft den Blick für entsprechende Situationen. Entscheidend sind ein grundsätzliches **Selbstverständnis als Helfer** und ein vorausschauendes Handeln.

Abbildung 18:
Hilfsbereiter Fahrer
Quelle: VAG Nürnberg

Markt und Image

AUFGABE

Welchen positiven Effekt hat das Selbstverständnis des Fahrers als vorausschauender Helfer?

Der Fahrer als vorausschauender Informant und Berater

Eng verbunden mit der Rolle des Helfers ist die des Informanten und Beraters. Typische Situationen sind in diesem Zusammenhang:

- Fragen zur Umgebung („Wie komme ich zur Schillerstraße?")
- Fragen zum Tarifplan
- Fragen zu den gefahrenen Linien („Fahren Sie zum Schloss?")
- Fragen zu besonderen Angeboten (z. B. Kombiticket, Nachtbus)
- Fragen zu Öffnungszeiten angefahrener Einrichtungen (z. B. Hallenbad, Museum)

Abbildung 19:
Informant und Berater
Quelle: VAG Nürnberg

Der Fahrer als Repräsentant des Unternehmens

Zum **Kernbereich** seines Geschäfts (Tarifpläne, Linien, Haltestellen) muss jeder Fahrer Auskunft geben können. In seiner Rolle als Repräsentant des Unternehmens sind Sie **Spezialist** für die von Ihrem Arbeitgeber gebotenen Leistungen. Sie sollten in diesem Zusammenhang auch **proaktiv**, d.h. bevor der Kunde selbst die Frage stellt, auf Angebote hinweisen.

Neben dem **Ansehen** (Image) kann auf diese Weise unter Umständen auch der **finanzielle Ertrag** (Markt) des Unternehmens gesteigert werden.

Bei der (bejahten) Frage an den Fahrer „Fahren Sie zum Hallenbad?" bietet sich beispielsweise Folgendes an:

- „Möchten Sie auch eine Rückfahrkarte? Zusammen wird das billiger!"
- „Kennen Sie schon unser Kombiticket? Damit kommen Sie günstiger ins Bad."
- „Wollen Sie länger bleiben? Ab 20 Uhr fährt unsere Abendlinie."
- „Wenn Sie die Strecke häufiger fahren, wäre eine Wochen-/Monatskarte sinnvoll."

Ebenso bietet es sich im Gelegenheitsverkehr an, Angebote zu ähnlichen Themenbereichen vorzustellen.

Bei der Vielzahl weiterer Fragen ist es klar, dass nicht jedem Kunden sofort geholfen werden kann. Umso wichtiger ist es, **weiterführende Hinweise** (z.B. auf Stadtpläne, Touristikbüros oder Internetseiten) geben zu können.

Jede weiterführende Information wird vom Kunden als Interesse an seinen Wünschen und seiner Person betrachtet und positiv gewertet. Unter Beachtung der **Verhältnismäßigkeit** (Senioren brauchen keine Informationen zum Mutter-Kind-Schwimmen!) können Sie so relativ leicht Kunden an sich und das Unternehmen binden.

Markt und Image

> **AUFGABE**
>
> Warum sollte ein guter Busfahrer immer die Chance zur proaktiven Beratung nutzen?

Vorausschauender Fahrer

Folgen einer vorausschauenden Fahrweise:
- Mehr Sicherheit
- Reduzierter Kraftstoffverbrauch
- Geringere Abgas-Belastung
- Verbesserung Ihres Images als Fahrer und dem Ihres Unternehmens

Eine vorausschauende Fahrweise, die sich den Verkehrsbedingungen anpasst, hat somit eine positive Wirkung auf **Ökonomie**, **Ökologie** und **Sicherheit**. Alle drei Faktoren stehen für **verantwortungsbewusstes Handeln** des Fahrers und des Unternehmens, für das er als Repräsentant unterwegs ist.

Das Aufziehen des Motors dauert zwar länger als das Betanken, aber so sparen wir unheimlich viel Spritkosten...

Der Fahrer als Repräsentant des Unternehmens

Zur Verbesserung der Fahrweise bietet sich ein Fahrsicherheits- bzw. Eco-Training an. Diese werden deutschlandweit von verschiedenen Anbietern offeriert und sind auch Teil der Weiterbildung.

AUFGABE

Was bringt die Konzentration auf eine vorausschauende Fahrweise?

Markt und Image

4.3 Vorschriften für die Beförderung bestimmter Personengruppen

▶ Sie sollen die wichtigsten Vorschriften und Verhaltensregeln beim Umgang mit ausgewählten Fahrgastgruppen kennen

Ein Unternehmen, das sich nicht an die geltenden Vorschriften hält, wird über kurz oder lang vom Markt verschwinden. Neben dem schlechten Ruf dieser Unternehmen sorgen auch die Überwachungsbehörden für die Reduzierung solcher „schwarzen Schafe".

Für Sie als Fahrer ist es daher entscheidend, die für Ihren Bereich gültigen **Vorschriften** zu kennen. Insbesondere im Bereich der Personenbeförderung gibt es eine Reihe von Regelungen, die eine nähere Betrachtung unerlässlich machen.

Relevante Vorschriften

Vorschriften über die Beförderung besonderer Personengruppen finden sich in unterschiedlichen Verordnungen:

- BOKraft
- Verordnung über die Allgemeinen Beförderungsbedingungen
- Besondere Beförderungsbedingungen verschiedener Regionen
- Interne Dienstvorschriften (Dienstanweisungen) verschiedener Unternehmen
- Personenbeförderungsgesetz (PBefG)

Oberste Priorität für das Unternehmen hat nicht die jederzeit hundertprozentige Erfüllung bzw. Durchsetzung von Vorschriften. Wichtiger sind in der Regel:

- Ein möglichst reibungsloser Betriebsablauf
- Möglichst wenig Konflikte und Beschwerden
- Möglichst wenig Fahrzeugausfälle
- Ein möglichst geringer Verwaltungsaufwand

Der Fahrer als Repräsentant des Unternehmens

- Zufriedene Fahrgäste
- Gesunde Fahrer

Bei der Beförderung von „Problemfahrgästen" können in besonderen Konfliktsituationen zusätzlich die folgenden Rechtsgrundlagen Bedeutung erlangen:

- § 123 StGB (Hausfriedensbruch)
- § 34 StGB (Rechtfertigender Notstand)
- §§ 32, 33 StGB (Notwehr)
- § 323c StGB (Unterlassene Hilfeleistung)
- § 127 StPO (Vorläufige Festnahme)
- § 239 StGB (Freiheitsberaubung)

Ausgehend von diesen Vorschriften gilt es, einzelnen Fahrgastgruppen besondere Aufmerksamkeit zu widmen und auf sie besonders einzugehen. Gerade der individuelle Umgang mit dem Fahrgast ist eine Qualität des service- und marktorientierten Unternehmens, das den Kunden nicht als „Beförderungsfall", sondern als Partner betrachtet.

Sitzplatzbedürftige Personen

Zur Gruppe der sitzplatzbedürftigen Personen gehören in erster Linie:

- Schwerbehinderte (ab einem Behinderungsgrad von 50%)
- In der Gehfähigkeit Beeinträchtigte
- Ältere Menschen
- Gebrechliche
- Werdende Mütter
- Fahrgäste mit kleinen Kindern

Neben der besonderen **Sorgfaltspflicht** gegenüber diesen Personen (z. B. erst anfahren, wenn diese einen Sitzplatz oder einen festen Halt gefunden haben), haben Sie als Fahrer zusätzlich darauf zu achten,

Markt und Image

Abbildung 20:
Besonders gekennzeichnete Sitzplätze

dass andere Fahrgäste bei Bedarf einen Sitzplatz freigeben. Dies gilt in erster Linie für die **besonders gekennzeichneten Sitzplätze**, bei Bedarf aber auch für die nicht besonders kenntlich gemachten. Sie sind zudem berechtigt, Plätze zuzuweisen. Dies sollten Sie in jedem Fall **höflich, aber bestimmt** tun: In Form einer direkt an einen Fahrgast gerichteten Bitte wird Ihnen wenig Widerspruch begegnen.

Fahrgäste mit Rollstühlen

Der Unternehmer ist nicht verpflichtet, Plätze für das Abstellen von Rollstühlen vorzusehen, kann dieses aber freiwillig tun (behindertengerechte Busse).

Neben der Zahl der Sitz- und Stehplätze kann im Fahrzeug auch die Zahl der Stellplätze für Rollstühle angeschrieben sein. In diesem Fall dürfen nicht mehr Rollstuhlfahrer befördert werden als dort angegeben sind. Vorhandene Sicherungseinrichtungen sind zu benutzen (und vom Fahrer regelmäßig zu kontrollieren).

Der Fahrer als Repräsentant des Unternehmens

Zudem sollte Rollstuhlfahrern beim Ein- und Ausstieg jede mögliche **technische und körperliche Hilfestellung**, gegebenenfalls auch mit Unterstützung durch andere Fahrgäste, gewährt werden. In Ihrem Fall können Sie sich als **vorausschauender Helfer** besonders profilieren, indem Sie z. B. schon beim Anfahren einer Haltestelle mit Rollstuhlfahrern Fahrgäste um Hilfe beim Einstieg bitten.

Fahrgäste mit Kinderwagen

Nach Möglichkeit soll das Fahrpersonal dafür sorgen, dass Fahrgäste mit Kind im Kinderwagen nicht zurückgewiesen werden. Daraus kann man, im Gegensatz zum Gepäck, eine **Beförderungspflicht für Kinderwagen ableiten**, sofern ausreichend Platz vorhanden ist. Beim Ein- oder Ausstieg durch die hinteren Türen sollte der Fahrer die **Türautomatik deaktivieren**. Vorhandene Sicherungseinrichtungen sind zu benutzen.

Abbildung 21:
Rollstuhlfahrer
Quelle: Volvo

Kinder und Fahrgäste mit Kindern

Für nicht schulpflichtige Kinder unter 6 Jahren **ohne Begleitung** (durch Personen ab 6 Jahren) besteht keine direkte Beförderungspflicht. Da aber gerade die jüngsten Verkehrsteilnehmer besondere Rücksicht verlangen, obliegt es Ihnen als Busfahrer, sich dieser Fahrgastgruppe besonders zu widmen. Dies verlangt besonderes **Einfühlungsvermögen**. Sollten Zweifel am Sinn der Beförderung bestehen (z. B. wenn das Kind sein Ziel nicht benennen kann), gilt es, für den Schutz des Kindes durch **öffentliche Vertreter** zu sorgen. Auf keinen Fall sollten Kinder in solchen Momenten sich selbst überlassen bleiben! Geeignete Maßnahmen, z. B. Anforderung von Hilfe über den Betriebsfunk, sind einzuleiten.

Markt und Image

Abbildung 22:
Kind in Begleitung
Quelle: bdo

Die **Beaufsichtigung** von Kindern obliegt den **Begleitern**. Sie müssen darauf achten, dass die Kinder nicht auf Sitzplätzen knien oder stehen und dass vorhandene Sicherungseinrichtungen benutzt werden. Weisen Sie im Falle einer Nichtbeachtung die Begleiter höflich, aber bestimmt auf die Sicherheitsrichtlinien hin und bitten Sie sie, mit gutem Beispiel voran zu gehen.

Beförderung von Schülern

Fahrzeuge, die für Schülerbeförderung besonders eingesetzt sind, müssen an Stirn- und Rückseite besonders kenntlich gemacht sein (**Schulbusbeschilderung**).

Diese Kennzeichnungspflicht gilt für:

- Den Schülerverkehr als Sonderform des Linienverkehrs
- Den freigestellten Schülerverkehr nach der Freistellungsverordnung

Der Fahrer als Repräsentant des Unternehmens

- Die freigestellte Beförderung von Behinderten nach der Freistellungsverordnung
- Die freigestellte Beförderung durch oder für Kindergartenträger nach der Freistellungsverordnung
- In besonderen Fällen auch für den „normalen" Linienverkehr, wenn die Fahrzeuge besonders für die Schülerbeförderung eingesetzt sind (z. B. Verstärkungsbusse des Linienverkehrs ausschließlich für die Schülerbeförderung)

Die Kennzeichnung hat an Stirn- und Rückseite durch das dafür vorgesehene orangefarbene Warnschild zu erfolgen. An der Stirnseite genügt auch die Aufschrift „Schulbus" in Verbindung mit dem entsprechenden Sinnbild („Hänsel und Gretel"). Die Wirkung der Schulbusbeschilderung darf nicht beeinträchtigt werden.

Bei anderen Fahrten darf die Schulbusbeschilderung nicht gezeigt werden. Zu den Fahrten der Schülerbeförderung rechnen allerdings auch die Leerfahrten vom Betriebshof zum Einsatzort und zurück.

Warnblinklicht an Haltestellen
Die ehemals generelle Pflicht des gekennzeichneten Schulbusses, beim Ein- und Ausstieg der Fahrgäste das Warnblinklicht einzuschalten, besteht so nicht mehr. Nach § 16 StVO muss das Warnblinklicht nur an den Haltestellen eingeschaltet werden, für die die Straßenverkehrsbehörde ein solches Verhalten angeordnet hat („gefährliche"

Markt und Image

Haltestellen). Dort gilt diese Pflicht auch für den Führer eines „normalen" Linienbusses und grundsätzlich sowohl für die Annäherung an die Haltestelle (innerorts ca. 50 m, außerorts ca. 150 m davor) als auch für die Zeit des Fahrgastwechsels.

Beim Heranfahren an die Haltestelle müssen Sie Ihre Fahrweise besonders auf die **typischen Verhaltensmerkmale** von Schülergruppen an Haltestellen (Unachtsamkeit, Drängeleien etc.) abstimmen, um jegliche Gefährdung zu vermeiden.

Während der Fahrt müssen sich auch Schüler trotz ihres Bewegungsdranges und sonstiger altersspezifischer Verhaltenstendenzen so verhalten, dass die Sicherheit und Ordnung nicht gefährdet werden. Bei Unstimmigkeiten und in konfliktträchtigen Situationen sollten Sie freundlich, bestimmt und deeskalierend auftreten sowie schulmeisterliches Verhalten vermeiden, um keinen Widerstand zu provozieren. Bei einer **erheblichen Gefährdung der Sicherheit und Ordnung** können Sie, **nach vergeblicher Ermahnung,** im Extremfall auch einzelne Schüler von der Fahrt **ausschließen**. Diese Vorfälle müssen dem Unternehmen und der Schule gemeldet werden.

Fahrgäste mit Gepäck

Ein **Anspruch** auf Beförderung von Sachen besteht nicht. Natürlich sollten Sie nach Möglichkeit auch das Gepäck (bei gleichzeitiger Mitfahrt des Fahrgastes) befördern, wobei die **Beförderung** von **Personen** (Beförderungspflicht), **Kinderwagen** und **Rollstühlen** grundsätzlich **Vorrang** hat.

Gefährliche Stoffe und gefährliche Gegenstände sowie Gegenstände, die über die Begrenzung des Fahrzeuges hinausragen, sind von der Beförderung auszuschließen. Davon abgesehen gibt es hinsichtlich der Art, der Größe oder der Anzahl der Gepäckstücke keinerlei Einschränkungen. Sie müssen jedoch darauf achten, dass die **Ein- und Ausstiegsbereiche** sowie die **Durchgänge** Ihres Fahrzeuges **frei bleiben**, sodass die Sicherheit und Ordnung nicht gefährdet und

Der Fahrer als Repräsentant des Unternehmens

Abbildung 23:
Gepäckverstauung

andere Fahrgäste nicht belästigt werden. Im Einzelfall können Sie situationsabhängig darüber entscheiden, ob eine Sache befördert wird und wo sie unterzubringen ist.
Im Zweifelsfall hat die Sicherheit aller Fahrgäste Vorrang vor dem Komfort eines einzelnen Passagiers! Sie sollten diesen bitten, notfalls auf den folgenden Bus auszuweichen.

Fahrgäste mit Tieren

Mit der Ausnahme von **Blindenhunden**, die einen Blinden begleiten, besteht kein Anspruch auf die Beförderung von Tieren. Tiere dürfen nicht auf Sitzplätzen untergebracht werden.

Hunde müssen von einer geeigneten Person beaufsichtigt werden und einen Maulkorb tragen, sofern sie andere Fahrgäste gefährden können. (Sollten die Beförderungsbedingungen des Unternehmens weitere Schutzmaßnahmen vorsehen, hat der Fahrgast diesen Folge zu leisten.)

Sonstige Tiere dürfen nur in geeigneten Behältnissen mitgeführt werden.

Markt und Image

Von der Beförderung ausgeschlossene Personen

Personen, die eine Gefahr für die **Sicherheit** und **Ordnung** des Betriebes oder für die Fahrgäste darstellen, insbesondere wenn sie trotz Ermahnung erheblich die in § 14 BOKraft (Verhalten der Fahrgäste) aufgezählten Pflichten verletzen, sind von der Beförderung auszuschließen.

Dazu gehören zum Beispiel:

- Personen unter dem Einfluss alkoholischer Getränke oder anderer berauschender Mittel
- Personen mit ansteckender Krankheit nach dem Bundesseuchengesetz
- Personen mit geladenen Schusswaffen, sofern sie nicht zu deren Tragen berechtigt sind

Viele Unternehmen der Busbranche werben allerdings besonders um die Gunst nicht mehr fahrtüchtiger Kunden.

- Diese sollten daher nur dann von der Beförderung ausgeschlossen werden, wenn sie die Sicherheit und Ordnung gefährden. Die von einem angetrunkenen Fahrgast ausgehende **abstrakte Gefahr**, also die bloße Möglichkeit, dass er randalieren könnte, darf nicht zu einem Ausschluss führen.
- Erst bei einer **konkreten Gefährdung** kann der Ausschluss zum Schutze des Betriebes oder der anderen Fahrgäste gerechtfertigt sein.
- Handelt es sich hierbei um eine **hilflose Person**, sind zusätzlich geeignete Maßnahmen zu ergreifen (z. B. Hilfe über den Betriebsfunk anfordern), damit nicht der Tatbestand der **unterlassenen Hilfeleistung** erfüllt wird.

Ein Fahrgast, der berechtigt von der Beförderung ausgeschlossen wird und sich weigert, das Fahrzeug zu verlassen, macht sich unter Umständen auch des **Hausfriedensbruchs** schuldig.

Der Fahrer als Repräsentant des Unternehmens

Um einer möglichen Eskalation von konfliktträchtigen Situationen entgegenzuwirken, sollte jeder Ausschluss eines Fahrgastes erst nach sorgfältiger Erwägung des Einzelfalles und mit viel Fingerspitzengefühl durchgeführt werden. Ein unfreundliches, unsicheres oder schulmeisterliches Verhalten des Fahrers wird in derartig sensiblen Situationen eher kontraproduktiv wirken.

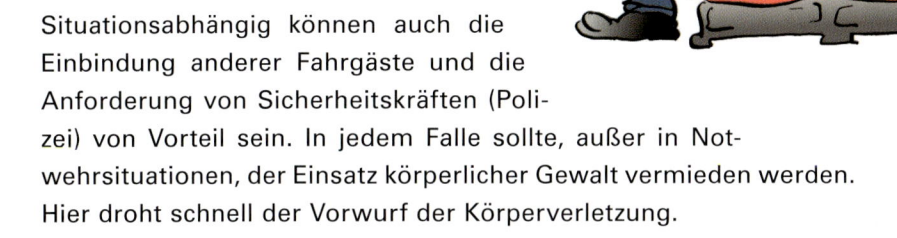

Situationsabhängig können auch die Einbindung anderer Fahrgäste und die Anforderung von Sicherheitskräften (Polizei) von Vorteil sein. In jedem Falle sollte, außer in Notwehrsituationen, der Einsatz körperlicher Gewalt vermieden werden. Hier droht schnell der Vorwurf der Körperverletzung.

In besonderen Konfliktsituationen wird die Berücksichtigung der folgenden Faktoren, je nach Situation in unterschiedlicher Gewichtung, für Sie als Fahrer von Bedeutung sein:

- Verantwortungsübernahme für Sicherheit und Ordnung
- Pflicht zur Hilfeleistung
- Schutz der Fahrgäste
- Schutz des Eigentums des Unternehmens
- Selbstschutz
- Wahrung der Verhältnismäßigkeit der Mittel

AUFGABE

Warum braucht man im Umgang mit Betrunkenen aus rechtlicher Sicht besonderes Fingerspitzengefühl?

Markt und Image

4.4 Umgang mit Konflikten

▶ Sie sollen Konflikte im Vorfeld verhindern und bei Eskalation schnellstmöglich beilegen können

Wie gezeigt wurde, treffen Sie als Fahrer im Rahmen Ihrer Tätigkeit auf unterschiedlichste Kunden und deren Ansprüche. Besondere Aufmerksamkeit verlangen dabei Fahrgäste, die sich durch folgende Besonderheiten auszeichnen:

- Besondere Ansprüche (berechtigte oder unberechtigte)
- Bedarf zusätzlicher Hilfestellung
- Störung des reibungslosen Betriebsablaufs
- Gefährdung der Sicherheit
- Verstoß gegen vorliegende Bestimmungen

Entsprechend vielfältig sind die Rollen, die Sie situationsbedingt einnehmen müssen. Dabei lässt sich nicht verhindern, dass es zu Konflikten kommt.

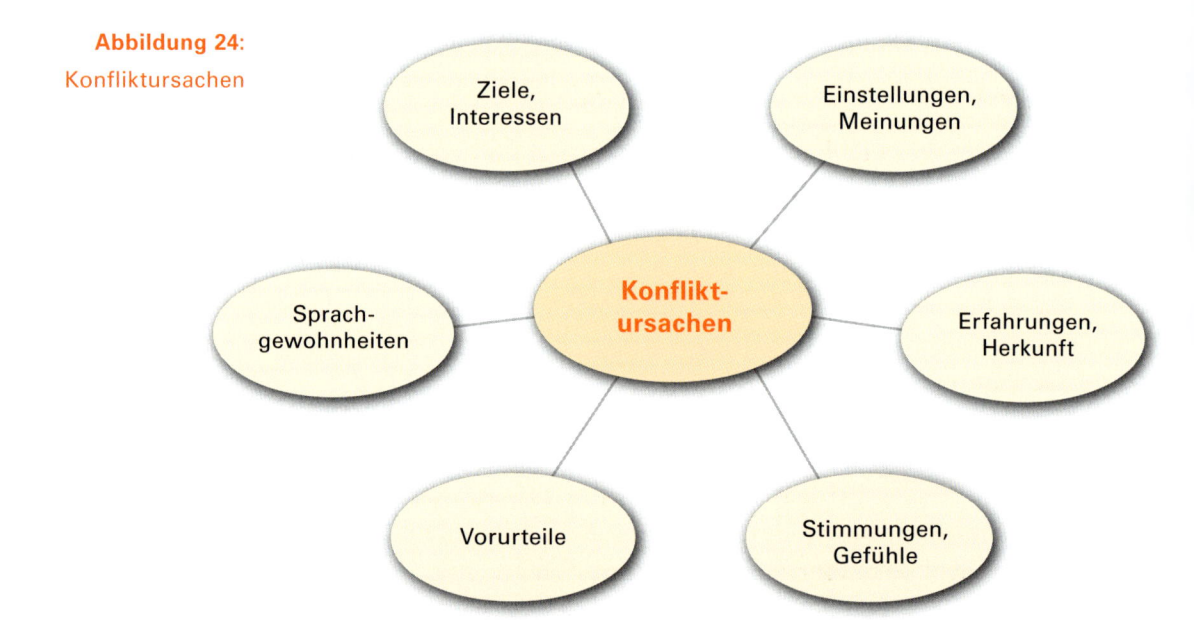

Abbildung 24:
Konfliktursachen

Konfliktursachen:
- Ziele, Interessen
- Einstellungen, Meinungen
- Erfahrungen, Herkunft
- Stimmungen, Gefühle
- Vorurteile
- Sprachgewohnheiten

Der Fahrer als Repräsentant des Unternehmens

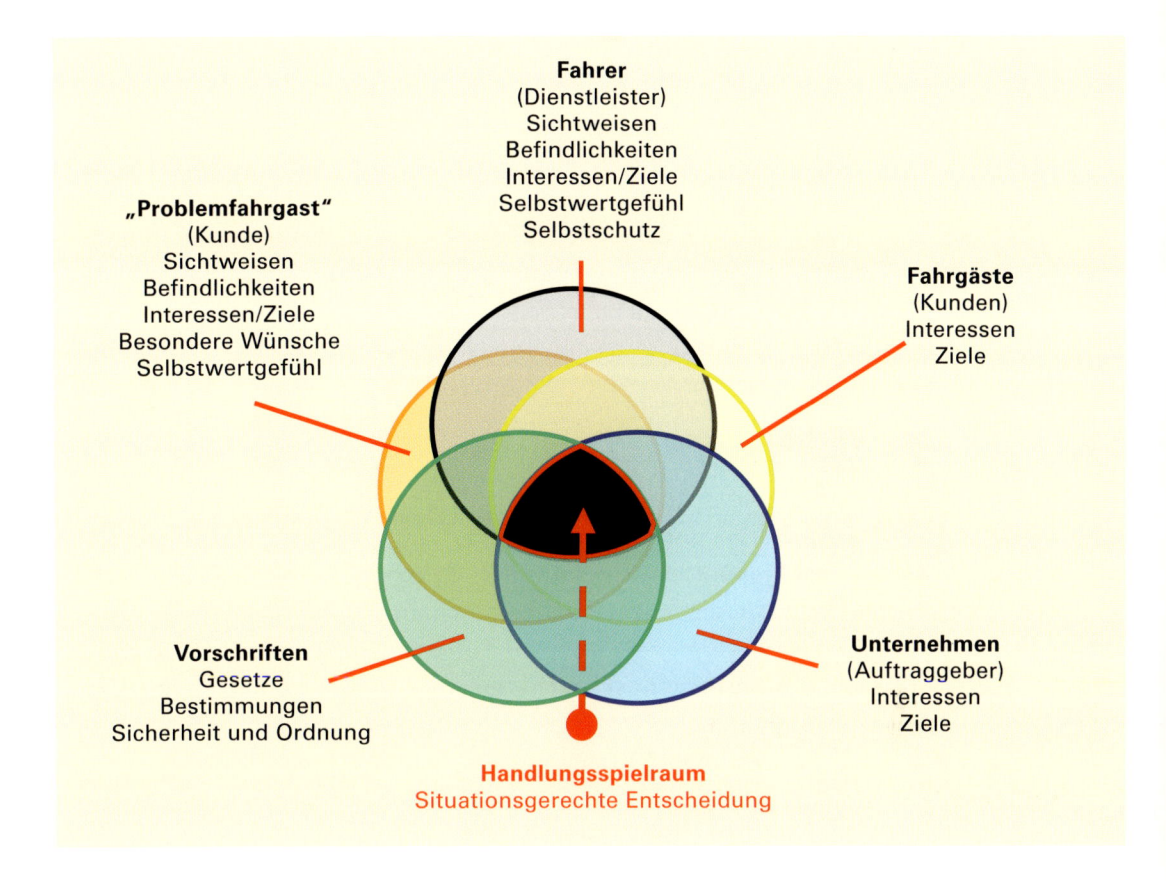

Fahrer
(Dienstleister)
Sichtweisen
Befindlichkeiten
Interessen/Ziele
Selbstwertgefühl
Selbstschutz

„Problemfahrgast"
(Kunde)
Sichtweisen
Befindlichkeiten
Interessen/Ziele
Besondere Wünsche
Selbstwertgefühl

Fahrgäste
(Kunden)
Interessen
Ziele

Vorschriften
Gesetze
Bestimmungen
Sicherheit und Ordnung

Unternehmen
(Auftraggeber)
Interessen
Ziele

Handlungsspielraum
Situationsgerechte Entscheidung

Konflikte können viele Ursachen haben. Fahrer und Fahrgäste sind Menschen mit Gefühlen, Emotionen, mit guten und mit schlechten Tagen. Hinzu kommen oft unterschiedliche gesellschaftliche Hintergründe. Fahrer und Kunden teilen zwar das Fahrzeug, aber nicht die darüber hinausgehenden Erlebnisse und Erfahrungen. Alles dies spielt in die Entstehung eines Konflikts hinein.

Abbildung 25: Handlungsspielraum

Hin und wieder mag es schwer fallen, mit **Freundlichkeit** und **Respekt** die notwendigen „Brücken" zum Fahrgast zu bauen. Dennoch müssen Sie als **Kundenbindungs-Manager** stets versuchen, Konflikte in einem für beide Seiten akzeptablen Verfahren beizulegen. Auch in diesen Situationen bleiben Sie **Dienstleister** und der schwierige Fahrgast **Kunde**. Mit dieser grundlegende Einstellung sollten Sie

Markt und Image

in der Lage sein, bis zu einer gewissen Grenze eigene Befindlichkeiten und Gefühle zurückzunehmen. Sie sollten auch dem schwierigen Fahrgast jede mögliche Hilfestellung leisten und dessen erfüllbaren (nicht unbedingt nachvollziehbaren) Wünschen entsprechen.

Eine Lösung zu Lasten des Kunden führt bei diesem schnell zu **Frustration** und **Abkehr vom Unternehmen**; beim nächsten Mal fährt er möglicherweise mit dem Auto, dem Fahrrad oder der Konkurrenz. Die Konsequenz für das eigene Unternehmen: **weniger Einnahmen**.

Vorbereitung

Der Fahrdienst, so hat es mal ein Fahrer formuliert, ist auch ein **Balanceakt zwischen Kundenorientierung und Stressbewältigung**, der täglich gemeistert werden muss. Schon im Vorfeld können Sie versuchen, durch ausreichende Ruhepausen, richtige Ernährung etc. eine für Sie optimale Ausgangssituation zu schaffen. Hierzu bieten z. B. die **Berufsgenossenschaften** regelmäßig Veranstaltungen und Kurse an.

Ein ordnungsgemäß gewartetes Fahrzeug, das zudem einen gepflegten Eindruck macht, erspart Ihnen viele Beschwerden von Kundenseite. Nörglern wird so einerseits bis zu einem gewissen Grad „der Wind aus den Segeln" genommen. Andererseits beruhigt es gestresste oder schlecht gelaunte Fahrgäste, wenn sie in einer gepflegten Umgebung Erholung finden. Zudem entstehen viele Konfliktfälle aufgrund des reibungslosen Fahrtverlaufs erst gar nicht.

Zur Vermeidung von Konflikten ist daher der Selbstcheck von **Fahrer** und **Fahrzeug** vor Dienstantritt sehr förderlich.

> **AUFGABE**
>
> Wie können Sie schon vor Dienstantritt mögliche Konflikte vermeiden?

Der Fahrer als Repräsentant des Unternehmens

Beschwerden

Viele bereits angesprochene Maßnahmen zum Thema „Image" können dabei helfen, Konflikte schon im Vorfeld zu verhindern. Trotz aller Vorbereitung, vorausschauender Fahrweise und Beachtung der Vorschriften kann es zu Beschwerden von Kundenseite kommen. In diesem Falle ist es wichtig, **besonnen** und **ruhig** zu reagieren.

Egal, ob der Fahrgast im Recht ist oder dieses nur irrtümlich annimmt: Seine Beschwerde hat einen Grund. Dieser kann, muss aber nicht ursprünglich der Fahrer oder das Fahrzeug sein. Entsprechend sollte jeder Fahrer versuchen, eine Beschwerde **objektiv** zu betrachten. Durch Abwiegeln oder direkte Gegenwehr versteifen sich viele Beschwerdeführer nur in ihrer Meinung. Eine Lösung wird dadurch immer schwerer.

Bei Vorwürfen sollten Sie daher wie folgt handeln:

- Die Beschwerde nicht persönlich nehmen
- Den Beschwerdeführer zunächst ausreden lassen
- Ihm zeigen, dass man ihn und sein Anliegen ernst nimmt
- Verständnis und Mitgefühl offen zeigen
- Versuchen, sich in die Situation des Gegenübers zu versetzen
- Ruhig und sachlich antworten
- Für Unannehmlichkeiten entschuldigen
- Nach Lösungsvorschlägen (aus Sicht des Kunden) fragen

In vielen Fällen lassen sich so Beschwerden **schnell** und **ohne Aufwand** beilegen. **Verbindliche Zusagen,** etwa zu Entschädigungen, sollten Sie an dieser Stelle jedoch ebenso vermeiden wie eine völlige Zustimmung zu den vorgetragenen Kritikpunkten. Auch wenn „der Kunde König ist", vertreten Sie letztendlich Ihr Unternehmen und dessen Standpunkt.

Sonderfälle wie **notorische Nörgler** wird man allerdings auch mit diesen Mitteln nicht beruhigen können. Diskussionen mit solchen

Markt und Image

Fahrgästen verzögern den Betriebsablauf. Statt die Situation zu klären, werden Sie dadurch eher den Unmut weiterer Fahrgäste auf sich ziehen. Hier hilft es, auf die **Interessen der anderen Fahrgäste** hinzuweisen und den Dienst entsprechend fortzusetzen. Auch der Hinweis auf eine Beschwerdestelle im Unternehmen kann hier hilfreich sein.

Vandalismus

2006 musste die Berliner Verkehrsgesellschaft nach Presseangaben allein **acht Millionen Euro** für die Beseitigung von Vandalismusschäden aufbringen. Als Reaktion auf zunehmende Gewalt und Vandalismus sind in 500 der etwa 1.400 Fahrzeuge bereits Überwachungskameras installiert worden.

Vandalismus bedeutet:

- Enorme Kosten
- Schädigung des Firmen-Images
- Einschränkung der Kundenzufriedenheit

Busfahrer sollten daher ein besonderes Augenmerk auf Vandalismusschäden haben.

Fallen solche Schäden bei der Kontrolle nach Fahrtende auf, sollten sie dokumentiert und an die Leitstelle bzw. Unternehmensleitung weitergegeben werden. Durch die **sofortige Beseitigung** können weitere Schäden vermieden werden.

Bei Vandalismus während der Fahrt gilt es abzuwägen, welches Vorgehen am sinnvollsten ist. **Bei kleineren Vergehen** reicht oftmals die **direkte Ansprache**. Hierbei sollte beispielsweise „der Junge in dem grünen Pullover, der die Füße auf dem Sitz hat" für andere Fahrgäste offen angesprochen werden. Sie sollten hier nicht nur mit einem Verbot kommen, sondern dieses auch **begründen**: „Wenn du mit den dreckigen Schuhen auf dem Polster warst, kann da keiner mehr sitzen!"

Der Fahrer als Repräsentant des Unternehmens

Abbildung 26: Vandalismusschäden in einem Doppeldeckerbus
Quelle: Berliner Verkehrsbetriebe

Bei größeren Vergehen gilt:

- Auf keinen Fall den Helden spielen!
- Versuchen Sie unauffällig (im Öffentlichen Verkehr) die Leitstelle zu informieren und Hilfe zu bekommen. Dies kann zunächst ein Kollege an der nächsten Haltestelle oder auch direkt die Polizei sein.

Vollstrecker von Sanktionen

Immer wieder begegnen Ihnen Kunden, die sich gegen die Beförderungsregeln verhalten. Dies können leichte Verstöße, aber auch Vandalismus und schwere Vergehen gegen Sie selbst oder weitere Fahrgäste sein. Bei einigen dieser ungeliebten Kunden helfen weder gutes Zureden, noch Drohungen, um für Ordnung zu sorgen. Hier müssen Sie zu anderen Mitteln greifen.

Grundsätzlich gilt: Ein Störer gefährdet die Sicherheit des Busses. Jeder Randalierer lenkt Sie von Ihrer Fahr-Aufgabe ab, da Sie als **Sicherheitsverantwortlicher** für das Wohlergehen aller Fahrgäste Sorge tragen. Entsprechend verfällt auf Seiten des Störers das Recht

Markt und Image

auf Beförderung, dass er durch das Bezahlen einer Fahrkarte erworben hat.

In diesem Moment werden Sie zum Vollstrecker von Sanktionen, die Ihrer und der Sicherheit der Fahrgäste dienen. Sie können den Störer des Busses verweisen. Im Regelfall kann, muss aber nicht die Polizei hinzugezogen werden. Dies ist nur zwingend nötig, wenn der Pöbler selbst verletzt ist oder eine Straftat begeht (Vandalismus, Körperverletzung, sexuelle Belästigung). Ein Arzt ist nur nötig, wenn der Betreffende orientierungs- oder hilflos wirkt.

Sie sollten in solchen Situationen gewissen Regeln folgen:

- Ruhe bewahren
- Sich nicht einschüchtern lassen
- Immer Distanz zum Pöbler/Randalierer halten
- Ihr Gegenüber anschauen
- Sich nicht in eine Ecke stellen oder gar drängen lassen
- Ruhig, aber bestimmt auftreten
- Den Vorteil für Ihr Gegenüber betonen („Wenn Sie jetzt den Bus verlassen, ist die Polizei nicht nötig!").

Sie sollten sich vor allem nicht reizen lassen. Bei offenen Drohungen sollte das Gespräch sofort abgebrochen werden. Hier hilft nur noch die Polizei.

5 Gründe für ein marktorientiertes Verhalten

Der öffentliche und private Personenverkehr mit Omnibussen im Linien- und Gelegenheitsverkehr, im Übrigen auch mit Taxis und der Straßenbahn, ist in Deutschland durch das **Personenbeförderungsgesetz (PbefG)** geregelt.

Dieses Gesetz regelt auch die Genehmigungen für die Personenbeförderung. Laut **§ 13 PbefG** darf nur dem Unternehmer eine Genehmigung zur Personenbeförderung erteilt werden, der die **Sicherheit** und **Leistungsfähigkeit** des Betriebes sowie seine **Zuverlässigkeit** gewährleisten kann. Solche Genehmigungen, auch Konzessionen genannt, werden derzeit im Bussektor für eine **Höchstdauer** von bis zu **acht Jahren** erteilt.

In den vorherigen Kapiteln wurde die Bedeutung des markt- und kundenorientierten Verhaltens für den wirtschaftlichen Erfolg eines Unternehmens gezeigt. Zum Abschluss soll noch einmal die Bedeutung des Fahrers für den Zukunftsmarkt Busunternehmen gezeigt werden.

Markt und Image

5.1 Neue Konkurrenten im Gelegenheitsverkehr

> Sie sollen erkennen, dass Sie mit sehr imagestarken Verkehrsträgern (wie zum Beispiel dem Flugzeug) im Wettbewerb stehen

Der sog. Gelegenheitsverkehr, also Fernreise- und Ausflugsfahrten mit dem Bus, und Taxi- sowie Mietverkehre, ist seit jeher durch einen **Wettbewerbsmarkt** mit privaten Anbietern geprägt.

In den letzten Jahren haben sich zu den ursprünglichen Konkurrenten der Busunternehmen, dem Auto und der Bahn, insbesondere sog. **Billigflieger** (engl. *low-cost carrier*) etabliert, die besonders bei den Kurz- und Städtereisen Marktanteile gewinnen. In den Augen vieler Kunden gewinnen diese Unternehmen hauptsächlich durch folgende Eindrücke:

- Kurze Reisezeiten
- Günstige Angebote (Flüge zu Dumpingpreisen)
- Das positive Image der Flugreise generell (Modernität, Urlaub, Exklusivität)

Dabei werden die Nachteile einer solchen Reise oft vom Kunden übersehen:

- **Hohe Zugangszeiten** durch dezentral gelegene Flughäfen
- **Hohe Umweltbelastung** durch den Flugverkehr
- **Geringer Service** durch Bord- und Bodenpersonal
- **Geringe Verfügbarkeit** der Lockangebote
- **Zusätzliche Kosten** durch Flughafengebühren, Kerosinzuschläge, Kartenzahlungsgebühren und Gepäckentgelte
- **Einfache Ausstattung** an Bord (No-frills-Konzept)
- **Querfinanzierung** durch Werbung und Verkauf von Zusatzleistungen (Speisen und Getränke, diverse Waren)

Gründe für ein marktorientiertes Verhalten

Trotz vieler Gegenargumente werden den Billigfliegern auch weiterhin jährliche Wachstumsraten von ca. 13 % prognostiziert. Für Busfahrer und -unternehmen gilt es, sich dieser Konkurrenz zu stellen. Insbesondere das **Image** des einzelnen Unternehmens spielt hier eine Rolle.

Markt und Image

5.2 Konzessionen und Ausschreibungsverfahren im ÖPNV

▶ Sie sollen die Änderungen im Vergabeverfahren des ÖPNVs kennen

Der öffentliche Personennahverkehr ist immer noch stark von **kommunalen Verkehrsunternehmen** gekennzeichnet. Dieser war bislang weitgehend von wettbewerbsbedingten Ausschreibungen verschont. Das PbefG sieht in ihnen sog. „**eigenwirtschaftliche Verkehre**", die nicht ausschreibungspflichtig sind.

Seit einigen Jahren gibt es im deutschen ÖPNV jedoch Abweichungen von dieser Vergabepraxis. Insbesondere richterliche Entscheidungen auf europäischer Ebene haben dazu beigetragen, dass mehrere Aufgabenträger ihre Konzessionen ausgeschrieben haben. Das führte dazu, dass oftmals nicht das kommunale Unternehmen den Verkehrsauftrag für die ausgeschriebenen Linien erhalten hat, sondern andere Anbieter (private, ausländische, andere kommunale) zum Zuge gekommen sind.

Das wird die Verkehrsunternehmen und ihre Beschäftigten vor die Aufgabe stellen, wettbewerbsfähiger zu werden, um im Ausschreibungswettbewerb mit anderen, auch international agierenden Verkehrsunternehmen am Markt bestehen können.

Gründe für ein marktorientiertes Verhalten

5.3 Qualitätssicherung zum Erhalt des Arbeitsplatzes

▶ Sie sollen einen Überblick über Ihre Möglichkeiten bekommen, zur Qualitätssicherung des Unternehmens beizutragen

Um im Wettbewerb bestehen zu können, gibt es verschiedene Möglichkeiten. Der einzelne Fahrer spielt bei der Gewinnung **zusätzlicher Fahrgäste** eine wichtige Rolle und damit auch beim Erhalt des eigenen Arbeitsplatzes.
Hierbei spielt das in den Kapiteln 3 und 4 erläuterte **Verhalten des Fahrers** eine zentrale Rolle. Sie müssen als **Kundenbindungsmanager** aus ureigenem Interesse dafür Sorge tragen, die Fahrgastzahlen stabil zu halten bzw. zu erhöhen. In diesem Zusammenhang ist die vom Kunden wahrgenommene **Servicequalität** entscheidend.

Doch auch zur **Kosteneinsparung** und **Wettbewerbsfähigkeit** können Sie einen Beitrag leisten. In der Praxis bedeutet dies z. B.:

- Kosteneinsparungen durch Kraftstoff sparendes Fahren
- Eigene Fehlzeiten durch eine gesundheitsbewusste Lebensweise zu reduzieren
- Durch Hinweise auf „Kostenfresser" im Betriebsablauf aufmerksam zu machen
- Eigene Vorschläge für Verbesserungen auszuarbeiten

Die Ihnen als Fahrer zugeschriebenen Rollen und Funktionen erfahren hier eine Erweiterung. Als engagierter Mitarbeiter Ihres Unternehmens sind Sie zugleich **Kostenoptimierer** und **Ideengeber**.

Ohne **proaktives Engagement** von Fahrerseite wird es für Unternehmen im Busbereich zukünftig nicht möglich sein, konkurrenzfähig zu bleiben. Daher liegt es in Ihrem eigenen Interesse, sich aktiv in den stetigen Verbesserungsprozess einzubringen.

Markt und Image

5.4 Ökonomische Folgen eines Rechtsstreits

▶ Sie sollen wissen, dass ein Rechtsstreit für Sie und Ihren Arbeitgeber schwerwiegende Folgen haben kann

Im schlimmsten Fall kann das Fehlverhalten eines Fahrers für das Unternehmen zu einem Rechtsstreit führen. Dabei reicht die Spannbreite von Klagen wegen nicht erbrachter Vertragsleistungen (z. B. bei Programmänderungen auf Ausflugsfahrten) bis zu Rechtsstreitigkeiten nach einem Unfall.

Dabei ist zu beachten, dass Personen- und Sachschäden mit Beteiligung von Fahrzeugen eines Busunternehmens immer mehr Aufsehen in der Öffentlichkeit bewirken als Unfälle im sonstigen Verkehr.

Sie müssen sich daher bewusst sein, dass Sie sich auf Grund Ihrer Personenbeförderung einer besonderen Verantwortung stellen müssen. Dies kann sich auch bis in den privaten Bereich auswirken: Werden bei Vorkommnissen oder Unfällen Vorsatz oder grobe Fahr-

Abbildung 27:
Streitigkeiten nach einem Unfall

Gründe für ein marktorientiertes Verhalten

lässigkeit nachgewiesen, kann es bei Verurteilung zu erheblichen finanziellen Strafen oder Schadensersatzforderungen kommen.

Wird dem einzelnen Fahrer Vorsatz, grobe Fahrlässigkeit oder auch grobe Verletzung der Dienstpflichten nachgewiesen, kann neben den betrieblichen Konsequenzen auch durch **zivilrechtlichen Rechtsstreit** eine Strafe drohen, welche die Existenz des Einzelnen erheblich bedroht.

Durch die Beachtung der in den vorangegangenen Kapiteln beschriebenen Vorgehensweise lässt sich die Gefahr eines Rechtsstreits minimieren. Grundlegend dafür ist jedoch das Engagement jedes einzelnen Mitarbeiters und insbesondere der Fahrer eines Unternehmens. Was im einen Moment dem Image dient, kann im nächsten zur Verhinderung eines Prozesses führen.

Markt und Image

6 Ausblick

An verschiedenen Beispielen ist gezeigt worden, dass Markt und Image im Wirtschaftsleben nicht mehr voneinander zu trennende Arbeitsfelder sind. Eine hervorragende Leistung, wie sie die Mehrheit der Busunternehmen in Deutschland tagtäglich bietet, bringt nichts ohne eine positive Außenwirkung.

Der Kunde eines jeden Unternehmens zahlt heute nicht mehr allein für die erbrachte Leistung, sondern verlangt auch eine **Markenidentität**, auf die er sich verlassen kann. Für Busunternehmen und ihre Mitarbeiter ist es daher entscheidend, in Zukunft noch stärker auf die Außenwirkung ihrer guten Leistung zu achten und diese beim Fahrgast aktiv zu „verkaufen".

Unter dieser Voraussetzung kann es gelingen, die aktuellen Chancen des Busmarktes positiv für das Unternehmen und die eigene Person zu nutzen. Denn so wie jedes Unternehmen durch seine Mitarbeiter vertreten wird, strahlt das positive Image einer Firma auch auf deren Beschäftigte ab. Jedes Engagement für das Unternehmen zahlt sich somit auch ideell wie finanziell für deren Mitarbeiter aus.

7 Wissens-Check

1. In welchem Verhältnis stehen Gelegenheitsverkehr und ÖPNV im deutschen Busverkehr zueinander?

2. Was bezeichnet der Begriff „Modal Split"?

3. Erklären Sie die Bedeutung des Begriffs „Corporate Identity"!

4. Warum bietet es sich an, Fahrzeuge eines Unternehmens einheitlich zu gestalten?

5. Was sind die wichtigsten Eigenschaften eines vorbildlich gepflegten Fahrzeugs?

Markt und Image

6. Welche drei Faktoren sind entscheidend für den ersten Eindruck, den der Passagier vom Fahrer hat?

7. Wie beeinflusst das Verhalten des Fahrers während der Fahrt das Bild beim Kunden?

8. Welche Vorschriften sind für die Beförderung einzelner Fahrgastgruppen entscheidend?

9. Wie sollte der Fahrer auf Beschwerden reagieren?

Der Fahrer sollte sich an folgenden Regeln orientieren:

10. Warum ist markt- und imageorientiertes Verhalten heutzutage besonders wichtig?